우리 아이들에게도
인권이 있다구요!

.

인숙과 병수의 아동 인권 이야기

우리 아이들에게도
인권이 있다구요!

글 _ 김인숙 · 정병수

국민북스

유엔아동권리협약, 그 30년의 여정

우리는 서른 살을 이립(而立)이라고 부른다. 이립은 기초를 세운다는 뜻으로 서른 살이 되면 가정과 사회의 기초를 다진다는 의미이다. 2019년은 아동권리협약이 유엔총회에서 채택된 지 꼭 30년이 되는 해이다. 나이로 치면 서른 살이 된 아동권리협약은 우리의 가정과 사회의 기초로 자리 잡은 것일까?

유엔은 1959년 아동권리선언을 채택했다. 법적 구속력이 없는 10개의 원칙으로 구성된 이 선언문은 30년 후 국제법인 아동권리협약으로 진화했다. 그리고 협약이 채택된 지 30년, 협약은 전 세계적으로 다양한 변화를 야기하고 있다. 지난 30년 동안 협약을 비준한 국가는 무려 196개국이 되었고, 협약을 보완하기 위해 세 개의 선택의정서(아동의 무력 충돌 참여에 관한 선택의정서, 아동 매매·성매매 및 아동 음란물에 관한 선택의정서, 아동의 개인청원권에 관한 선택의정서)가 채택되었다.

1991년 협약심의를 위해 조성된 유엔아동권리위원회는 2019년 5월 현재 81번째 회기를 진행 중이며, 지금까지 약 800개의 국가보고서가 위원회에 제출되었다. 위원회는 심의 과정을 통해 협약 이행과정을 모니터링하면서 당사국들의 법적, 제도적 변화를 이끌었다. 남아프리카공화국은 1996년 헌법을 제정하며 모든 아동(every child)의 출생 시 국적 취득, 학대·방임·부당한 대우로부터의 보호, 기본적 영양·거주·보건 및 사회서비스 보장 등을 명시하였다. 네팔은 2015년 신헌법을 채택하면서 아동을 권리주체자로 명시하고, 협약에 보장된 아동권리를 국내법 체계에 적용하였다. 스웨덴은 2018년 아동권리협약을 아예 자국의 법으로 받아들였다.

우리나라는 1991년 협약을 비준하고 2019년 협약 이행과정을 모니터링하는 네 번째 심의를 앞두고 있다. 지난 세 번의 심의를 통해 개선되고 있는 부분도 있지만 제자리걸음하고 있는 부분도 있다. 좀 더 개선의 속도와 깊이를 더할 수는 없을지 고민해오다 대한민국의 세 번째 심의를 준비하던 2011년 4월의 어느 날, 우리나라뿐 아니라 아시아의 아동권리협약에 대한 이해와 이행을 촉구하기 위한 작은 조직이 시작되었다. 바로 국제아동인권센터이다. 국제아동인권센터는 아동과 그들의 인권을 보호, 증진하고 효과적으로 이를 보장할 수 있도록 아동을 포함한 정부, 민간조직, 개인 등 모든 이해관계자의 역량과 책무성을 강화하기 위해 국제적 기준인 유엔아동권리협약을 널리 알리고 교육훈련하기 위해 존재한다. 우리가 교육훈련에 주목한 이유는 아동을 위해, 아동과 함께 더 나은 세상을 만드는 것은 결코 혼자 할 수 없기 때문이다.

윌리엄 윌버포스의 전기를 쓴 존 폴락(John C. Pollock)은 윌버포스의 인생을 회고하며 "한 사람이 그 시대를 변화시킬 수 있다. 하지만 혼자서는 할 수 없다."고 말했다. 아동인권이 좀 더 확실히 증진되기 위해서는 혼자서 혹은 한 기관이 할 수 없다. 우리에겐 다양한 영역에서 각자의 역할에 충실한, 그러면서도 아동의 편에 서서 아동인권을 옹호할 동료가 필요하다. 그래서 우리는 아동권리협약으로 우리의 가정과 학교, 사회에 기초를 세우고자 헌신하는 이들이 좀 더 많아지길 바라는 마음으로 이 책을 준비하였다.

아직도 많은 이들에게 인권은 딱딱하고 거칠고 왠지 모를 불편함을 가져온다. 우리는 이 책을 통해 자연스레 옷깃과 숨결 속에 자리 잡은 공기와 같은 아동인권을 이야기하고 싶었다. 부족한 글재주에 마음에 담긴 내용을 흡족하게 풀어내지 못한 아쉬움도 있지만 아동인권이라는 우리의 사명과 함께하는 여러 동료들의 연대가 있기에 작은 변화라도 촉발할 수 있기를 바라는 마음을 모았다. 책에 담긴 이야기는 국제아동인권센터에서 진행하는 아동인권 옹호전문가(Child Rights Advocate) 과정과 그 외 다양한 교육훈련에서 다루는 내용 중 일부를 정리하였다. 책이 나오기까지 수년간 참여자로, 협력자로 함께 해준 모든 이에게 지면을 빌어 고마움을 전한다.

2019년 협약 채택 30주년을 기념하기 위해

김인숙, 정병수

프롤로그

백년해로하시는 다정한 부부를 만나면 '이분들은 어떻게 만났을까?', '어떻게 오랜 기간을 함께할 수 있으실까?' 많이 궁금해진다. 그래서 물어보게 된다. "어떻게 처음 만나셨어요?"

우리가 아동인권을, 그리고 유엔아동권리협약을 널리 알리고 연구하고 강조하기에 종종 사람들도 그런 질문을 한다. "유엔아동권리협약을 어떻게 알게 되셨나요?"

아동의 인권을 이야기함에 있어 가장 핵심적인 준거인 유엔아동권리협약(UN Convention on the Rights of the Child)은 1989년 11월 20일 유엔총회에서 만장일치로 채택되었다. 우리에게 1989년은 서울올림픽을 성공적으로 개최한 직후로 해외여행 자유화가 시행된 해이며, 서독과 동독의 급작스런 통일 소식에 깜짝 놀랐던 해이다. 우리나라는 1991년에 비로소 유엔 회원국이 되었으니 국제사회에서 어떤 논의가 진행되고 있는지 파악하기는 어려웠다. 따라서 유엔에서 아동권리협약이 채택되었다는 것을 정부도, 비정부기구도,

학계에서도 알지 못했고, 이 협약이 아동의 삶에 어떤 변화를 가져올지도 전혀 예측조차 하지 못했다.

유엔아동권리협약이 유엔 총회에서 채택되기 5개월 전인 1989년 6월 10일, 나는 스웨덴 스톡홀름으로 가는 출장길에 올랐다. 세이브더칠드런 연맹의 총회에 참석하기 위함이었다. 해마다 선정된 아동 이슈에 관해 토론하고 대안을 도출하는 자리였다. 예년과 다르게 그해는 연맹총회가 개최되기 앞서 아동인권과 관련한 국제 컨퍼런스가 스톡홀름에 준비되어 있었다. 세이브더칠드런 연맹 회원국 대표들이 국제 컨퍼런스에도 참석할 수 있도록 연맹 총회 장소가 스웨덴 스톡홀름으로 정해진 것이다.

전 세계에서 모인 300여 명의 다양한 이해관계자는 이틀간의 일정으로 획기적인 문건에 대하여 논하는 시간을 가졌다. 아마도 채택 이전, 유엔아동권리협약을 대중에게 선보이는 첫 번째 자리였을 것이다. 1979년 폴란드의 제안으로 시작된 유엔아동권리협약의 제정 과정은 막바지에 이르렀고, 다수의 전문가가 협약 채택 이후 아동에게 미칠 영향을 예상하면서 미리 예방하거나 대처해야 할 문제나 걸림돌은 없는지 등 다양한 의견을 개진하였다. 아동과 그들의 권리에 관한 기념비적 사건이 벌어지고 있었던 것이다. 이곳에서 나는 평생 친구로 동행하게 될 '유엔아동권리협약'과 첫 만남을 가졌다.

귀국하는 나의 발걸음은 무거웠다. 컨퍼런스에 참석한 유일한 한국인으로, 유엔아동권리협약을 가장 먼저 알게 된 사람으로서 어떻게 알리고 전파해야 할지, 그리고 이를 어떻게 실현할 것인지 막막하기만 했다. 그 무거웠던 발걸음은 나의 사명이 되었다. 알아야 행할 수 있기에, 유엔아동권리협약을 한국 사회에 알리고 전하는 것이 나의 사명이 되었고, 온 국민의 사명이 될 수 있기를 소망하며 30년을 보냈다. 유엔아동권리협약을 나에게 소개해주었던 조직을 떠났지만 나의 사명은 멈출 수 없었다. 그래서 나는 2010년 유엔아동권리위원회 위원장 임기를 마무리하는 이양희 교수와 다시 시작을 다짐했다. 유엔아동권리협약을 널리 알리고, 교육훈련하기 위해 존재하는 조직, 그렇게 시작한 조직이 국제아동인권센터(International Child Rights Center: InCRC)이다.

이 책은 국제아동인권센터에서 함께하는 동료들과의 경험을 토대로 작성되었다. 특별히 함께 집필을 한 정병수 사무국장은 조직의 설립부터 함께한 창립 멤버(Founding Member)이다. 조직의 사명과 비전, 이름과 역할까지 우리는 치열하게 함께 고민했다. 그동안 우리 둘은 공동 촉진자(Co-facilitator)로 함께하며 많이 배우고 성장할 수 있었다. 경험도, 연령도, 성별도 다르지만 우리는 팀으로 지금까지 수천 시간의 교육훈련을 함께 해왔다. 얼마 전 읽은 글에서 두 마리의 말이 팀을 구성해서 훈련을 받으면, 한 마리가 끌 때보다 1000배 이상 무거운 짐도 끌 수 있다고 한다. '함께'는 엄청난 위력을 발휘한다. 이 책의 집필도 그렇게 함께했다. 각자의 작성한 글을 모은 것이 아니라 작성한 글을 주고받으며 수정하고 보완하고, 의견을 교환하며 협력해서 작성했다.

이 책을 통해 유엔아동권리협약에 대해, 아동인권교육훈련에 대해, 국제아동인권센터에 대해 조금이나마 알리는 계기가 되었으면 좋겠다. 그리고 어쩌면 이 책을 읽은 분들은 이런 질문을 하게 될지도 모르겠다.

"두 분은 어떻게 만나셨어요?"

196 - 193 = 4 ?

유엔은 1948년 12월 10일 세계인권선언을 채택한 이후로 2019
년 현재 9개의 국제인권협약을 채택했다. 지금까지 채택된 국제인
권협약은 인종차별철폐협약이 1965년 채택된 이후, 시민적·정치적
권리에 관한 규약(1966), 경제적·사회적·문화적 권리에 관한 규약
(1966), 여성차별철폐협약(1979), 고문방지협약(1984), 아동권리협
약(1989), 이주노동자권리협약(1990), 강제실종협약(2006), 장애인
권리협약(2006) 순으로 채택되었다. 이중 시민적·정치적 권리에 관
한 규약과 경제적·사회적·문화적 권리에 관한 규약은 세계인권선언
과 함께 국제인권장전(International Bill of Human Rights)로 불리
기도 한다.

유엔의 193개 회원국은 협약마다 별도로 비준 여부를 결정하게
되는데, 우리나라의 경우 시민적·정치적 권리에 관한 규약과 경제
적·사회적·문화적 권리에 관한 규약은 1990년에 비준하였고, 인종
차별철폐협약은 1978년, 여성차별철폐협약 1984년, 아동권리협약

1991년, 고문방지협약 1995년, 장애인권리협약은 2008년에 비준하였다. 이주노동자권리협약, 강제실종협약은 아직 비준하지 않았다.

우리나라도 비준하였을 뿐 아니라 전 세계에서 가장 많은 국가가 비준한 협약이 바로 아동권리협약이다. 아동권리협약을 비준한 국가는 2019년 5월 현재 196개 국가이다. 이는 유엔 회원국의 수인 193개국을 넘어선 숫자이다. 어떻게 이런 일이 가능한 것일까?

우선 이에 대한 이해를 돕기 위해 옵서버 지위(Observer status)에 대한 설명이 필요하다. 옵서버 지위는 회원국은 아니지만 일정한 활동을 할 수 있도록 지위를 부여받는 것을 의미하는데, 유엔에서 옵서버 지위가 부여되면 비록 총회에서 결의안에 투표할 수는 없지만, 국가의 지위를 가지고 유엔의 활동에 참여할 수 있다. 현재 옵서버 지위가 부여된 곳은 교황청과 팔레스타인이다. 교황청은 1990년에, 팔레스타인은 2004년에 각각 아동권리협약을 비준하였다.

유엔 회원국이 아니지만 아동권리협약을 비준한 곳은 더 있다.[1] 바로 남태평양에 있는 섬나라 니우에(Niue)와 쿡 제도(Cook Islands)이다. 이들은 모두 뉴질랜드와 자유연합협정을 체결한 자치 정부로 입법권과 행정권은 보유하지만 외교와 국방은 뉴질랜드가 책임지며, 주민은 모두 뉴질랜드 시민권을 보유한다. 니우에는

---

1 외교부 웹사이트 2019년 5월 12일 검색
http://www.mofa.go.kr/www/nation/m_3458/view.do?seq=30
http://www.mofa.go.kr/www/nation/m_3458/view.do?seq=9

1995년, 쿡 제도는 1997년 아동권리협약을 비준하였다.

아동권리협약을 비준한 국가(196)에서 유엔 회원 국가의 수(193)를 빼면 3이 되어야 하는데, 아동권리협약을 비준한 국가 중 유엔 회원 국가가 아닌 곳은 교황청, 팔레스타인, 니우에, 쿡 제도로 4개국이다. 짐작했겠지만, 유엔 회원 국가 중 아동권리협약을 비준하지 않은 곳이 있다. 바로 미국이다. 미국은 1995년 클린턴 정부 시절 서명을 하였으나 현재까지 비준하지 않고 있다. 미국이 협약의 비준을 망설이고 있는 이유는 경제적 어려움이나 국내 정세의 혼란이 아니라 연방제 국가이기에 50개의 주정부가 협약 비준을 준비하는 것이 어렵다는 의견도 있다.

물론 협약의 비준 여부가 아동이 살기 좋은 나라를 의미하는 것은 아니다. 북한은 한국보다 빠르게 협약을 비준하였고, 로힝야족 학살로 국제적인 지탄을 받고 있는 미얀마도 이미 협약을 비준하였다. 하지만 협약을 비준한다는 것은 아동의 인권을 보호, 존중, 실현하겠다는, 그래서 모든 아동이 차별과 폭력 없이 인간다운 삶을 살아갈 최소한의 기준을 지키겠다는 국제적 약속에 동참했음을 의미한다. 가장 많은 나라가 비준한 국제인권법이라는 사실 하나만으로도 인류가 아동의 인권에 대한 보편적 합의에 도달했음을 알 수 있다.

협약을 비준한 당사국들은 이를 위해 법을 제정하거나 개정하고, 아동인권 증진을 위한 정책 계획을 수립하기도 한다. 그리고 이런 노력을 정기적으로 국제사회에 보고한다. 각 나라의 심의 과정을 살

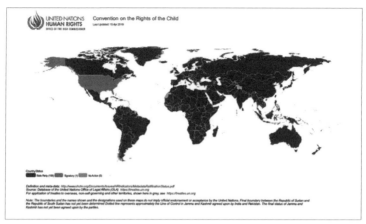

▶ 유엔아동권리협약을 비준한 국가지도
http://indicators.ohchr.org/

퍼보면 비록 나라마다 속도는 다르지만 분명한 변화가 감지되고 있다. 공자는 논어에서 '헛되다는 것을 알면서도 끊임없이 노력하는 사람'을 본받을 만한 '군자의 모습'이라고 묘사한다. 세상의 많은 중요한 것들 사이에서 헛되고 헛되지만 아동의 인권을 가장 중요하게 외치고 노력하는 사람들과 조직들이 있는 한 협약의 가치와 의미는 현실로 구현될 것이다.

＊생각해보기

유엔아동권리협약은 196개국이 비준한 가장 많은 비준국을 지닌 국제법이다. 이렇게 많은 국가가 협약을 비준한 것과 관련하여 일각에서는 국제 사회에 체면을 차리기 위해 가장 이해관계가 첨예하지 않고 선언적 의미가 강한 협약을 비준한 것에 불과하다는 주장도 있다. 당신은 이렇게 많은 국가가 아동권리협약을 비준할 수 있었던 요인이 무엇이라 생각하는가?

Tips

유엔아동권리협약을 제정할 당시 일부 국가에서는 아동의 연령을 만 18세로 하는 것을 반대했다. 그 이유는 협약에 명시된 권리를 보장하기 위해 필요한 인력이나 예산 등 필요 자원을 마련하기 위한 재정을 마련할 여건이 안되는 국가는 협약을 비준하고 이행하지 못하는 상황이 발생할 수밖에 없기 때문이었다. 이에 협약 제4조는 "당사국은 이 협약이 명시한 권리의 이행을 위해 모든 적절한 입법적·행정적, 기타 조치를 취해야 한다. 경제적·사회적 및 문화적 권리 보장을 위해 당사국은 가능한 모든 자원을 활용해야 하며, 필요한 경우 이를 국제협력의 관점에서 시행해야 한다."라고 명시하고 있다. 즉, 협약에 명시된 권리 이행을 위해 당사국의 자원이 부족할 경우에는 국제협력의 관점으로 보다 자원이 풍부하고 경제력이 있는 국가나 국제사회의 지원을 상호 간의 의무로 규정한 것이다.

유엔아동권리협약의 의미

아동인권 증진을 위해 유엔아동권리협약을 반드시 알아야 하는 이유는 무엇인가? 유엔을 비롯한 국제기구, 저명한 학자들과 전문가들도 그 의미를 설명하고 있지만 우리는 우리의 동료들에게 물어봤다. 각자의 위치에서 아동인권을 위해 나름의 역할을 하고 있는 그들의 답변을 통해 유엔아동권리협약이 우리에게 주는 의미를 살펴보고자 한다.

> • 유엔아동권리협약은 아동권리가 무엇인지에 대한 국제적인 합의가 이루어진 문서이기 때문에 우리가 아동의 무엇을 증진해야 아동인권이 증진되는지 알기 위해서는 협약을 반드시 알아야 한다.
>
> (김상원)

유엔아동권리협약은 국제법이다. 유엔이라고 하는 국제기구를 통해 10년간의 논의를 통해 만들어지고, 채택된 국제법이다. 동서냉전의 시대, 세계인권선언을 법으로 만드는 과정에서 합의가 쉽지 않아 부득이 두 개로 나뉜 시민적·정치적 권리에 관한 규약과 경제적·사회적·문화적 권리에 관한 규약이 처음으로 합쳐진 포괄적 협약이 바로 유엔아동권리협약이다. 따라서 유엔아동권리협약은 국제적 합의를 이룬 문서로써 갖는 뜻깊은 의미가 있다.

- 협약은 아동이 권리의 주체임을 천명한 문건이며, 아동인권 증진을 어떻게 이행하는가에 대한 구체적 내용을 알 수 있게 하여 실천하도록 하기 때문에 반드시 알아야 한다. (노운영)
- 협약은 아동의 권리가 무엇인지 명시하고, 구체적으로 존중하고 보호하고 실현하도록 안내한다. 대한민국은 협약의 비준한 국가로서 헌법 제6조에 근거하여 국내법과 같은 효력을 가지므로 국내 아동인권의 보호, 증진 실현의 준거로 협약을 따르고 있다. (전미아)

아동권리협약은 아동이 성인과 동등한 인격체이며, 존엄성과 평등, 절대적 권리를 지닌 권리의 주체자임을 천명하고 있다. 오랜 기간 동안 인류는 아동을 '작은 성인' 혹은 '부모의 소유', '미성숙한 존재', '인간이 되어가는 존재' 등으로 인식해왔다. 유엔아동권리협약은 그러한 인식의 대전환을 가져오며, 권리의 주체자로서 아동이 누려야 할 권리와 자유를 제시하고 있다. 또한 협약에 규정된 모든 권리와 자유를 누릴 수 있음을 인정하며, 당사국은 이에 합의했음을 선언한다. 우리나라는 1991년 당사국이 되었으며, 대한민국 헌법에서는 비준한 국제법은 국내법과 동일한 효력을 갖는다고 한다. 그렇다면 국제적으로도, 국내적으로도 아동인권의 보호, 증진, 실현은 협약을 모르고는 불가능한 것이다.

- 아동들은 자신의 권리가 존중되어야 함에도 누구를 만나느냐에 따라 자신의 권리를 보호, 존중, 충족 받지 못할 수 있다. 협약은 아동의 권리가 복불복이 되지 않도록 그들의 권리가 보편적으로 보장될 수 있도록 만든 문건이다. 그래서 반드시 알아야 한다. (옥정은)

유엔아동권리협약은 제2조 비차별의 원칙에서 "당사국은 아동이나 그 부모, 법정대리인의 인종, 피부색, 성, 언어, 종교, 정치적 견해, 또는 기타 의견, 재산, 장애, 태생, 신분 등의 차별 없이 본 협약에 규정된 권리를 존중하고, 모든 아동에게 이를 보장해야 한다."고 언급한다. 모든 인권협약에서 빠짐없이 명시되는 비차별의 원칙인데, 아동권리협약은 아동이 그 자신뿐 아니라 부모나 법정대리인의 여러 특성이나 상황으로 차별을 받아서도 안 된다고 이야기한다. 이는 아동의 발달적 특수성을 감안한, 그래서 어디서 태어나고, 누구를 만나느냐에 따라 그들의 권리가 좌지우지되지 않아야 한다는 것을 의미한다. 보다 강하게 표현하자면, 일종의 연좌제 금지의 의미를 내포한다.

- 협약은 국제사회의 평화와 공존을 희망하며 탄생하였기에 변화하는 시대 속에 서로 다른 사회적, 문화적 환경 속에서도 '아동 최상의 이

익'을 고려하여 아동의 인권 이슈를 적극적으로 해석할 수 있는 근본 규범이기에 반드시 알아야 한다. (김희진)

유엔아동권리협약에는 여러 차례에 걸쳐 아동 최상의 이익(best interest of the child)이라는 표현이 나온다. 다른 국제인권법에는 없는 아동권리협약의 백미(白眉)라 할 수 있는 조항이다. 아동 최상의 이익이라는 원칙이 없다면, 아동인권은 코에 걸면 코걸이, 귀에 걸면 귀걸이 식으로 오남용될 수 있다. 따라서 협약에서 제시하는 아동 최상의 이익을 제대로 아는 것이 중요하다.

• 협약은 사회적. 국가적 맥락에 따라 적용하기 위해 참고할 최소한의 기준이다. 아동인권 이슈를 분절적이 아닌 포괄적으로 다룰 수 있도록 안내하며 아동의 삶 전반과 아동의 권리를 다루는 포괄적 문서이기에 반드시 숙지해야 한다. (이선영)

아동권리협약은 아동과 관련한 정책이나 제도를 시행하거나 법률을 해석함에 있어서 유사한 유형이나 특성, 혹은 관행에 따르는 것이 아니라 아동이 처한 사회적, 문화적, 경제적, 발달적 상황 등을 총체적으로 고려하여야 할 일종의 기준이다. 협약은 아동인권의 최대치가 아닌 최소한의 기준이라는 것을 기억해야 한다. 또한 당장만을 생각하는 것이 아닌 아동의 연속적 삶까지도 고려한 의사결정을 아동과 함께해야 한다는 것이 바로 협약에 담겨있는 적용 기준이다.

• 협약은 아동권리증진을 실현하기 위한 하나의 큰 틀이고 약속이다. 협약은 책임을 수반하는 진정한 아동권리를 설명할 수 있게 해 준다. (박정임)

유엔아동권리협약의 54개 조항이 시작될 때 가장 많은 주어는 바로 당사국(State Party)이라는 표현이다. 즉, 협약은 아동인권을 보호, 존중, 실현할 가장 중요한 의무이행자를 국가로 명시하고 있다. 아동인권이 증진되기 위해서는 책임과 의무를 맡은 누군가가 제 역할을 충실히 해야 가능해진다. 협약은 그런 의미에서 의무이행자가 무엇을 어떻게 해야 하는지를 제시해 주는 설명서이다.

• 결국 협약은 아동이 누구이고, 아동인권이 무엇인지 알려주는 문건이다. (윤효식)

아는 만큼 보인다는 말이 있듯이 아동이 누구이고, 아동인권이 무엇인지 알아야 아동인권 증진을 달성할 수 있을 것이다. 물론 아동을 사랑하는 마음으로, 아동이 살기 좋은 세상을 만들어 보겠다는 따뜻한 마음과 열정으로 노력할 수도 있을 것이다. 하지만 목적 없는 떠남은 여행이 아니라 방황이 되듯이 아동에 대한 사랑과 열정의 가치가 변화를 도모하기 위해서 우리는 알아야 한다.

마지막으로 이준택 연구원이 보내준 글로 아동인권을 증진하고자 하는 이들이 왜 유엔아동권리협약을 알아야 하는지에 대한 글을 마무리하고자 한다.

• 세상에는 사랑과 열정만으로는 안 되는 것이 아주 많다. 협약은 아동은 누구이며 그들이 누려야 할 권리는 어떤 것인지 그리고 아동인권의 원칙은 무엇인지를 담고 있다. 협약을 통한 아동과 아동인권에 대한 올바른 이해는 아동권리증진을 위한 우리의 사랑과 열정에 더하여 아동의 삶에 웃음꽃이 피어나게 할 수 있다. 협약을 반드시 알아야 하는 이유이다. (이준택)

✳생각해보기

　　　　　　　　　수십 년간 천직으로 알고 온 마음과 정성으로 일하던 기관을 떠나게 되었을 때, 그동안 함께 업무를 수행하던 팀장에게 인수인계하게 되었다. 지금까지도 잘 해왔으니 앞으로도 책임과 진정으로 잘 맡아달라는 당부의 말을 했다. 그런데 그 이야기를 듣던 팀장의 눈에 눈물이 고이기 시작했다. 예상치 못한 눈물에 당황하여 왜 우는지 물었다. 그는 이렇게 답했다.

　"오랜 기간 열심히 따라다니며 배웠지만, 아직 아동인권을 잘 몰라요. 준비하고 돕는 일은 잘할 수 있을 것 같지만 직접 맡아서 하는 일은 어려울 것 같아요." 그 이야기를 듣고 나서 팀장에게 다시 물었다. "너는 아동인권이 무엇이라 생각하니?"

　당신에게 아동인권은 무엇인가요? 그리고 아동권리협약의 의미는 무엇인지 생각해보세요.

Tips

　　　　"아동인권이란 아동의 취약성 및 특수성, 연령에 적합한 필요를 고려한, 아동에게 적합한 인권을 의미한다."

"아동인권이란 법률적 의미로는 그들에게 영향을 미치는 법률적, 정치적 의사결정에 참여할 기회를 말하며, 보다 넓은 의미로는 굶주림, 학대와 방임, 비인간적 상황으로 부터의 자유 등을 말한다."

"아동도 성인과 마찬가지로 시민적, 정치적, 경제적, 사회적, 문화적 권리 전반에 걸친 인권을 가지며 동시에 그들의 취약성으로 인하여 학대와 착취로부터의 보호받을 권리, 돌봄을 받을 권리 등의 특별한 권리도 가진다."

아동인권과 관련한 다양한 분야의 전문가와 조직이 내린 정의이다. 아동인권에 대한 정의는 저마다 다를 수 있다. 그래서 우리는 늘 아동인권이 무엇인지 반복해서 우리 스스로에게도, 교육훈련을 통해 만나는 참여자에게도 묻는다. 처한 상황이나 깊이 고민하는 이슈에 따라 아동인권에 대한 정의는 매번 달라지곤 한다. 아동인권을 가슴에 담기 위한 정의는 때마다 다를 수 있다. 하지만 아동인권을 실현하기 위해서는 보편적 기준과 원칙이 필요하다. 유엔아동권리협약은 모든 아동을 위해, 아동과 함께 더 나은 세상을 만들기 위한 법적 지침의 역할을 한다.

당신에게 아동은
어떤 존재인가요?

당사국은 아동이 이 협약이 명시한 권리를 행사함에 있어 부모나 현지관습에 의한 확대가족, 공동체 구성원, 후견인 등 법적 보호자들이 아동의 진화하는 능력에 맞게 지도하고 감독할 책임과 권리가 있음을 존중해야 한다.

유엔아동권리협약 제5조[2]

영화 '어느 가족'(Shoplifters, 2018)을 보았다. 영화의 영어 제목이 'Shoplifters'이니 가게를 터는 좀도둑에 대한 이야기를 떠올리게 된

---

2. Article 5: States Parties shall respect the responsibilities, rights and duties of parents or, where applicable, the members of the extended family or community as provided for by local custom, legal guardians or other persons legally responsible for the child, to provide, in a manner consistent with the evolving capacities of the child, appropriate direction and guidance in the exercise by the child of the rights recognized in the present Convention.

다. 그런데 한글 제목은 어느 가족이라니 제목만으로는 예상되지 않
는 영화이다.

일본의 거장, 고레에다 히로카즈 감독은 이 영화를 통해 한 가족
을 소개한다. 할머니 하츠에, 아빠 오사무 시바타, 엄마 노부요, 아
들 쇼타, 딸 유리, 그리고 이모나 고모 격인 아키. 누가 봐도 다복한
여섯 명의 가족이지만 그들은 피 한 방울 섞이지 않았다. 이들이 어

떻게 한 가족을 이루고 함께 살게 되었는지 영화는 설명하지 않는다. 다만 이 영화는 어떻게 이들이 함께 살아가고 있는지를 다루고 있다.

매달 정기적으로 입금되는 할머니의 위자료, 비록 안정적이지 않지만 일하는 아빠와 엄마, 모두 각자의 몫을 하려고 노력한다. 그러던 어느 날, 13살 쇼타의 작은 반란으로 '어느 가족'은 해체된다. 이후 쇼타는 정부의 지원으로 안전한 환경에서 공부하며 살게 된다. 하지만 쇼타는 '어느 가족'을 잊지 못한다. 쇼타에게 '어느 가족'은 자신을 가족으로 받아주고 아껴준 유일한 가족이다. 쇼타가 처한 환경은 열악했다. 그러나 쇼타는 그 환경에 지배되지 않았다. 스스로의 길을 찾아 자신의 삶을 창조한다. 지금 당장 서로가 가족으로 돌보며 살아가고 있지만 계속될 수 없고, 또 그래서도 안 된다는 것을 알았다. 영리하고 빠른 판단력을 지닌, 성장하는 힘을 보이는 아동이다.

유리는 어떤가? 친부모에게 돌아간 6살 유리는 여전히 아동학대와 방임의 위험에 노출되어 있다. 엄마는 딸 유리에게 폭력을 가한 후 보상으로 예쁜 옷을 사주곤 했다. 유리와 다시 결합한 후에도 여전히 그런 모습을 보이는 친엄마로 인해 안쓰럽고 불안하다. 다시 찾은 딸인데, 엄마는 변한 것이 없다. 그런데 달라진 것은 유리다. '어느 가족'과 함께 살아온 경험을 기반하여 유리는 당당해졌다. 예쁜 옷은 더 이상 필요 없다는 거부의 몸짓을 할 줄 아는 힘 있는 아동으로 변했다. '어느 가족'이 유리에게 보여준 진정한 사랑으로 유리는 변했고, 성장했고, 담대해졌다. 자존감이 높아진 것이다.

감독은 사회에 포함되지 못한 채 연결고리가 끊어져 사각지대로 내몰린 약자들이 법의 테두리 밖에서 내린 선택에 대해서 엄중한 책임을 묻는다. 동시에 이들의 선한 인간성과 독특한 유대감을 편들어 준다. 영화를 통해 우리에게 아동 속에 내재되어 있는 진화하는 능력(Evolving Capacity)을 보라고 이야기하는 듯하다. 진화하는 능력(Evolving Capacity)은 다소 생소한 용어이다. 이 용어는 유엔아동권리협약 제5조에 처음 등장한다. 이 개념은 아동의 능력은 계속적으로 변화하고 있으며, 그들의 삶의 맥락에서 최선을 추구한다는 것을 의미한다. 따라서 의무이행자는 아동을 그들의 삶에서 능동적이고 주체적인 존재로 인식하고, 보호와 동시에 권리실현을 위한 자율성이 증진되도록 그들을 존중하는 것이 필요하다는 것을 내포하고 있다.

아동은 보호가 필요하고, 미성숙하고, 성인기를 준비해야 하는 특성을 갖는다. 쇼타와 유리도 그러하다. 그러나 영화가 비추는 '어느 가족'의 상황은 열악하고, 위험요소가 가득하고, 아이들이 도둑질까지 하는 등 문제점도 많다. 그런데 모순적이게도 '어느 가족'에서 쇼타와 유리는 변화의 주체이며, 다른 이들과 마찬가지로 구성원이다. 그들은 주체적이며, 성장하는 존재였다. 자신의 삶에 대해 스스로 선택할 줄 아는 존재로 성장할 수 있었던 것은 역경에 지배당하지 않는 그들의 존재의 힘에 기인한다. 환경에 지배당하지 않는 존재, 그것이 바로 아동이다.

✳생각해보기

　　　　　　세상에서 배제되고 연결되지 못하여 사회의 가장자리로 몰린 6명의 사람, 그들 안에 원가족의 학대와 방임으로 '어느 가족'과 함께 살아가고 있는 6살 유리와 13살 쇼타가 있다. 겉보기에 이들은 비정상적인 삶을 사는 것 같지만, 이들은 가장 인간적이며, 함께여서 행복하게 한 가족으로 살아가고 있다. 영화를 통해 고레에다 히로카즈 감독이 보여주는 '아동관'은 무엇이라 생각하나? 영화 속 유리와 쇼타는 어떤 존재이며, 그들이 보여준 진화하는 능력은 무엇이었나?

Tips

　　　　　　유엔아동권리협약 제5조는 아동에게 있는 진화하는 능력(Evolving Capacity)을 언급한다. 진화하는 능력이란 아동의 눈으로 보이는 능력만이 아니라 아동의 존재, 그 자체를 인정하고 존중하는 것, 그리고 그들은 그럴만한 힘이 있음을 인정하는 것을 말한다. 즉, 공부를 잘하거나 과제 수행을 잘하는 것만이 아동의 능력을 의미하는 것이 아니라 그 존재가 가진 근본적이며 발전 가능한 가능성을 설명하는 개념이다. 아동에게는 일반적인 발달단계가 있지만 그 발달단계는 절대적인 것이 아니다. 성인은 발달단계에 아동을 맞추어 평가하는 것이 아닌 아동이 살아가는 환경에서 아동을 이해하고, 아동의 현재 상태를 존중하고, 나아가 그들이 삶에서 능동적이고 주체적인 존재로 인식하고 행동할 수 있도록 조력해야 한다.

지금도 기억되는
아동기의 경험들

엄격과 폭력이 아닌 그들의 마음을 즐겁게 하는 것으로 아이
를 가르쳐라. 그렇게 하면 당신은 그들 각자의 능력이 어떻게
발휘되는지 더 정확하게 발견할 수 있을 것이다.

Do not train a child to learn by force or harshness; but direct
them to it by what amuses their minds, so that you may be
better able to discover with accuracy the peculiar bent of the
genius of each.

플라톤(Platon)

아들이 아주 어렸을 때, 나는 극도로 예민하고 불안했던 몇 년간
을 보냈다. 3년이 가까운 시간 동안 이혼을 진행하면서 서로의 마
음이 다쳐가고 있는지도 몰랐었다. 아들이 실수로 내 코를 쳐서 연
골을 심하게 다쳤던 날 나는 피가 쏟아졌지만 그렇게 아프지는 않

왔다. 그런데 나는 온 힘을 다해 소리치며 아들에게 화를 내었다. "야!!! 아프잖아! 도대체 왜 조심을 안 해?" 나는 그 후로도 아들이 실수할 때마다 악을 쓰며 아프다고 소리를 질렀다. 눈물을 뚝뚝 흘리며 하얗게 질린 얼굴로 이러지도 못하고 저러지도 못한 채 서 있던 아들 얼굴은 화상 자국처럼 내 가슴에 새겨져 버렸다. 지금도 아들이 실수를 해서 내 몸을 건드리면 아들은 화들짝 놀라 "엄마 괜찮아요?"라고 묻곤 한다. 그때마다 마음에 얼마나 깊은 후회와 아픔이 파고드는지 모른다. 그때 나는 아파서라기보다는 많은 좌절과 고통의 표현을 악을 쓰며 표현했었기 때문에 아무것도 몰랐던 그 어린아이의 가슴은 불안과 두려움으로 꽉 차올랐다는 것을 몰랐다. 이틀 전 나는 아들에게 그 일에 대해 사과했다. "엄마가 정말 미안했다. 너에게 그게 얼마나 두려움이었는지 몰랐어. 엄마가 힘든 시기와 마음이 힘들다는 이유로 하지 말았어야 하는 미숙한 행동을 했어. 너를 보호해야 했는데…"

'리플러스 인간연구소' 박재연 소장이 2018년 9월 그의 SNS에 올린 글의 일부를 옮겨왔다. 박 소장은 "나와 같은 후회되는 행동을 했던 부모들을 생각하면 가슴이 아파지기에 자신을 포함한 모든 사람이 행복한 부모 되는 일을 돕기 위해 일한다."고 고백한다.

국제아동인권센터가 운영하는 아동인권 옹호전문가(Child Rights Advocate) 과정이 개설되고 첫 번째 수료자 12명 중 한 사람이 박 소장이다. 열두 명의 참여자와 촉진자 두 명이 함께하는 100시간의 여정에서 자신이 인생길에서 만난 놀라운 경험들을 담담하게, 너무나도 솔직하게, 있는 그대로 나누어 주었다. 어린 시절 부모의 이혼과 그 일이 얼마나 힘든 삶을 안겨주었는지, 그가 받은 언어폭력과 학대의 경험을 치유하고 회복되기도 전에 선택한 이른 결혼과 출산, 그리고 그동안 받은 아픈 경험을 소중한 자녀에게 그대로 대물림하고 있는 모습을 발견하고 정신이 번쩍 났다고 했다. 그 후 박 소장은 과거에 자신이 했던 것처럼 자녀에게 해서는 안 되는 말과 행동을 일상에서 되풀이하는 사람들을 일깨우고 돕기 위해 분연히 나섰다.

국제아동인권센터의 교육훈련은 철저하게 아동을 중심에 두며, 이론과 경험의 조화를 위한 성찰의 과정을 중요시한다. 아동의 존재에 대해 성찰하며, 성인과 아동의 삶이 연속선상에 있음을 깨닫는 과정에서 아동기의 중요성에 대하여 함께 연구해 나간다. 이를 위해 아동기의 정의나 발달단계 등에 대한 이론과 지식에 앞서 우린 각자의 아동기의 긍정적 혹은 부정적 경험을 회상하며, 그러한 경험이 성인이 된 지금 우리의 삶에 어떤 영향을 미쳤는지를 고백해본다.

어린 시절의 즐겁고 행복했던 경험을 나눌 때면 교육장이 시끄럽고 소란스럽다. 신나는 경험을 이야기하다 보니 흥분되고 목소리가 높아지기 때문이다. 슬프고 아픈 경험을 나눌 때면, 목소리가 격양되기도 하고, 눈가에 눈물이 맺히기도 한다. 우리의 아동기 경험을 떠올려보면 그 기억은 옛 추억으로만 끝나지 않는다.

특히 아동기의 중요한 타인인 부모와 교사와 같은 성인의 역할은 매우 중요하다. 이들은 아동의 삶에 긍정적으로도 부정적으로도 영향을 미칠 중요한 롤모델이 된다. 그런데 간혹 이러한 롤모델이 된다고 생각하지 못하는 성인들이 있다. 그들은 아동에게 미칠 영향을 고려하지 않고 아동의 행동이나 감정, 생각에 너무 쉽게 판단하고 일방적으로 반응한다. 폭력을 자주 경험한 아동은 폭력에 관대한 성인이 되고 존중을 경험한 아동은 존중을 실천하는 성인이 된다.

간혹 아동인권교육훈련을 위해 만나게 되는 성인들이 억울함을 호소할 때가 있다. 본인이 아동이었을 때는 아동인권이나 아동권리협약에 대해 알지 못했고, 사회도 아동인권에 대해 관심이 없어서 맞고, 무시당하며 성장했는데 이제 성인이 되고 나니 자신은 누려보지도 못한 아동인권을 보호하고 존중할 의무이행자의 역할을 감당해야 한다니 좀 억울한 생각이 든다는 이야기이다. 한편으로는 이해가 되는 이야기이다. 하지만 우리의 어린 시절의 기억을 돌이켜볼 때 즐겁고 행복한 기억 속에 존재하는 성인과 슬프고 억울하고 화났던 기억 속에 존재하는 성인의 언행은 분명 달랐다. 그리고 이제 성인이 된 우리는 아동에게 영향을 미치는 의미 있는 타인이 되었다. 우리가 경험했던 억울하고 슬프고 화가 났던 경험을 안겨주는 성인이 될지, 아니면 비록 내가 경험했지만 그러한 경험의 악순환을 멈추는 역할을 할지는 우리에게 달려있다.

✳ 생각해보기

　　　　　유엔아동권리협약 제1조에서 "아동이라
함은 18세 미만의 모든 사람을 말한다."고 정의한다. 당신이 아동이
었던 그 시기의 경험을 추억하며 몇 가지 경험을 떠올려 보자. 지금
도 미소가 지어지는 기쁘고 즐거운 추억으로 생각나는 일이 있는가?
언제, 누구와 어떤 일로 그렇게 기뻤는지 생각해 보자? 또는 억울하
고 슬프고 화나는 경험도 있었다면 언제, 누구와 어떤 일이었는가?

Tips

　　　　　　어린 시절의 기억을 나누면 즐겁고 행복했던 기억
은 주로 스스로 무언가를 해냈다는 자발적 경험, 의미 있는 존재(가
족, 친구, 반려동물 등)와 함께했던 따뜻한 일상 속 기억, 그리고 어
렵고 힘들지만 도전했고 그 도전을 통해 얻게 된 성취 경험 등으로
나눌 수 있다. 즉, 즐겁고 행복했던 기억들은 자발성, 유능감, 관계
성의 키워드로 정리될 수 있다. 또한 아동기에 경험한 슬프고, 화나
고, 억울했던 경험의 대부분은 감정이 격해져서 발생하는 언어나 신

체 폭력, 우리 일상 속에 녹여져 있는 다양한 유형의 고정관념과 편견에서 유발되는 부적절한 언행, 그리고 갑작스럽게 경험한 의미 있는 존재(가족, 친구, 반려동물 등)와의 죽음, 이사, 오해 등으로 인한 상실 경험 등으로 나뉘곤 한다. 부정적 경험은 주로 폭력과 차별, 그리고 상실의 경험으로 정리될 수 있는 것이다.

물론 평생을 즐겁고 행복한 기억 속에서만 살 수는 없다. 하지만 아동기의 경험은 평생의 삶에 영향을 미치기에 비록 아픔과 상처를 경험하더라도 흉터가 생기지 않도록 회복과 치유의 과정이 준비되어야 한다. 이러한 준비는 모든 성인과 사회가 함께 해야 할 책무임을 잊지 말아야 한다.

타인의 시선

내가 왜 이 나무를 좋아하는지 알아?

그건 이 나무는 쓰러졌는데도 계속 자라기 때문이야.

영화 '플로리다 프로젝트', 무니의 대사

소녀의 이름은 '무니'이다. 이제 여섯 살이 된 귀엽고 생기발랄한 이 아이는 또래 아이들을 몰고 다니는 골목대장이다. 2층 난간에 몸을 숨기고 주차된 차에 침 뱉기 놀이를 한다. 누구의 침이 더 멀리, 더 정확하게 자동차를 맞히는지 침을 뱉는다. 오랜 기간 방치된 빈집에 들어가 불장난을 하고 집을 몽땅 태우기도 한다.

소방차가 오고 경찰이 오지만 아이들은 이미 '모르는 일'로 입을 맞추고 헤어진 후의 일이다. 행인에게 얻어 낸 아이스크림콘 하나를 친구 셋이 한 입씩 나누어 먹으며 행복해한다.

'무니'의 가족은 엄마뿐이다. 엄마와 딸은 함께 생존하기 위해 고

군분투한다. 둘이 손을 잡고 쇼핑몰을 드나드는 손님들에게 값싼 향수를 팔기도 하고, 때로는 거짓말하고 물건을 훔치기도 한다. 아직 젊은 무니의 엄마는 일자리를 구하려 하지만 여의치 않다.

'무니'의 집은 모텔이다. 남들은 하룻밤 머물다 가는 곳이지만 무니는 엄마와 함께 살아가는 둘만의 보금자리이다.

초록우산 어린이재단 직원들과 2박 3일간 함께한 아동인권교육 훈련 워크숍에서 함께 본 영화 '플로리다 프로젝트' 이야기이다. 아동인권의 관점으로 영화 감상문을 쓰고 나누며 대부분의 참여자는 무니의 열악한 환경, 그리고 그 속에서 천진난만하게 삶을 살아가는 무니를 긍정적으로, 가능성을 지닌 존재로 바라보고 있었다.

아동을 위한 기관에서 일하면서, 사회복지사로, 또한 누군가의 부모로 살아가는 이들에게 무니는 역경 속에서 피어나는 꽃 같은 존재였다.

그런데 한 참여자는 조금 다른 관점에서 영화를 보았다. 그는 무니를 바라보는 '내'가 아닌 '무니'의 시선으로 글을 적었다. 무니와 같은 나이 여섯, 시장에 떨어진 배춧잎을 주어다 반찬을 해먹던 어린 시절을 이야기했다. 그것을 주어다 먹는 것은 창피하지도 않고, 아무렇지도 않은 일이었다고, 다만 타인의 시선을 의식하기 전까지는.

아동을 바라보는 나의 시선은 아동의 입장에서는 타인의 시선이다. 우리가 아동을 위해, 아동과 함께하고자 한다면 어떤 시선으로 아동을 바라보느냐는 매우 중요하다. 불쌍히 여기는 시선, 무시하는 시선, 한심하게 여기는 시선, 무관심한 시선, 미간을 찌푸리며 보는 시선 등 시선은 조용하지만 무서운 폭력이 될 수 있다.

대부분의 참여자는 '무니'를 성인의 관점에서, 타인의 시선으로 바라보았다면, 그는 아동의 관점, 그리고 자신의 관점으로 무니를 바라보았다. 짧은 감상문이지만 매우 강한 여운을 준다.

우리가 아동인권교육훈련을 진행하며, 가장 먼저 하는 질문은 '나는 누구인가' 그리고 '아동은 누구인가'이다. 이 질문을 통해 우리가 화두로 삼고자 하는 것은 우리의 '시선'이다. 존재론적으로, 그리고 아동의 시선으로 세상을 바라보려 할 때 비로소 우리는 아동인권을 옹호할 준비를 시작할 수 있기 때문이다.

그래서 교육을 시작할 때, 칼릴 지브란의 글 예언자의 일부분을 함께 나누곤 한다.

아이들이란 스스로 삶을 갈구하는 생명의 딸이며 아들인 것

아이들이란 그대들을 거쳐 왔을 뿐. 그대들이 창조하지는 않았다.

그러므로 비록 지금 그대들과 함께 있을지라도 아이들이란 그대들의 소유는 아닌 것을

그대들은 아이들에게 사랑을 줄 순 있으나 생각까지 줄 순 없는 것

아이들은 아이들 자신의 생각을 가지고 있으므로

✳생각해보기

세상 그 누구도 부모를 선택하여 태어나지 않는다. 무니는 태어나 보니 아빠도 없고 집도 없었다. 엄마와 함께 모텔에서 하루하루를 살아가고 있다. 어떤 이는 무니를 아무것도 모르는 철부지라고, 또는 말썽쟁이 사고뭉치라고 생각한다. 당신은 무니를 어떻게 바라보고 있는가?

아동을 바라보는 나의 시선, 우리의 시선은 아동에겐 '타인의 시선'이다. 그리고 이러한 시선은 때로는 언어나 신체적 폭력보다 더 강력하게 아동에게 상처를 줄 수 있다.

나, 그리고 우리 사회가 아동을 바라보는 시선은 어떠한지 생각해보자.

Tips

유엔아동권리협약은 아동을 권리의 주체로 명시한 최초의 국제법이다. 수동적 객체가 아닌 능동적 주체라는 것은 모든 아동은 '1인칭 주인공'이라는 것을 의미한다. 보호가 필요한 존재이지만 보호를 위해 구걸하거나 불쌍해 보이지 않아도 되는 존재, 인간의 존엄성을 지키기 위해, 아동으로 살아가기 위해 필요한 권리를 보장받기 위해 피사체가 되지 않아도 되는 존재임을 명시한 것이 바로 '유엔아동권리협약'이다.

무니의 삶을 볼 때, 무니는 인간다운, 아동다운 삶을 살아가기 위한 권리가 충족되지 못한 상황이다. 무니의 권리가 충족되기 위해서는 엄마와 주변의 이웃, 그리고 정부는 의무이행자의 역할을 충실히 해야 한다. 의무이행자(duty-bearer)는 해도 되고 안 해도 되는 것이 아닌, 반드시 해야 하는 의무를 지녔음을 뜻한다. 그리고 의무이기에 생색을 내거나 불쌍하게 바라보는 시선도 멈추어야 한다. 마땅히 해야 할 바를 즐거이 하는 의무이행자가 점점 많아질 수 있게 모두 함께해야 한다.

귀엽게 생겼네! 너 몇 살이야?

나이는 숫자에 불과하다.

KTF 광고

프랑스의 비행사이며 작가인 생텍쥐페리(Antoine Marie Roger De Saint Exupery)는 그의 대표작 '어린 왕자'를 그의 친구 레옹 베르트에게 바친다고 썼다. 그러나 아동의 이야기를 어른에게 바치는 것에 대해 불만을 표하는 아동이 있을 것을 우려하여 "레옹 베르트의 어린 시절에 바친다."로 바꾼다. 그만큼 저자는 아동의 마음에 상처 주지 않으려 노력한다.

그의 대표작 '어린 왕자'는 비행기 엔진에 문제가 생겨 사하라 사막 한가운데 불시착하는 것으로 시작된다. 모래 위에 불시착한 주인공은 모래 위에 잠들었다가 한 아이의 목소리에 놀라 일어난다. 비행사인 어른과 어린 왕자인 아이와의 만남이 이루어진 순간이다. 이

어른은 호기심과 놀라움으로 여러 가지 질문을 하지만 어린아이와 대화가 되지 않는다. 소위 말이 통하지 않는 것이다.

어른과 아이의 생각과 관점의 차이로 인해 소통은 일방통행이 된다. 그러나 주인공의 민감성과 노력으로 간격은 서서히 좁혀진다. 비행사는 자신이 지닌 모든 지식과 지혜를 동원하여 어린 왕자가 이 우주의 한 작은 별인 '소행성 B612'에서 왔다는 것을 알아낸다. 어떻게 소행성 B612에서 왔다고 단언하는지에 대해서는 역사적, 과학적으로 상세히 설명한다. 그리고 왜 이토록 자세히 설명하는지에 대해 매우 의미 있는 이야기를 한다.

> 내가 소행성 B612에 대해 이렇게 시시콜콜 이야기하고 그 행성의 번호까지 일일이 설명해 주는 이유는 모두 어른들 때문이다. 어른들은 숫자를 좋아하는 법이다. 어른들이 자녀의 새 친구에 대해 이야기할 때 그들의 본질적인 것에 대해 물어보는 것을 본 적이 있는가? "네 친구의 목소리는 어때?", "그 아이는 어떤 놀이를 좋아하지?", "나비를 모으지는 않니?" 따위의 질문을 하는 법이란 결코 없다. 그 대신, "그 아이는 몇 살이니?", "형제가 몇이나 있지?", "몸무게는 얼마나 나가니?", "아버

지 수입은 얼마야?"라고 묻는다. 만일 어른들에게 "장밋빛 벽돌로 만들어진 예쁜 집을 봤어요. 창에는 제라늄 화분이 놓여있고 지붕에는 비둘기가 앉아있어요"라고 말하면 어른들은 그 집이 어떤 집인지 상상하지 못한다. 그들에게는 "십만 프랑짜리 집을 봤어요"라고 말해야 한다. 그러면 "야, 거참 좋은 집인데!"라고 소리친다.

1943년 발표된 '어린 왕자'에 담긴 인간의 모습이 오늘 우리의 모습을 관통하고 있다.

한 대학교에서 아동인권교육훈련을 요청받고 5시간씩 2회기에 걸쳐 워크숍을 진행했다. 그 대학 특성상 학생들의 연령대가 다양하였다. 고등학교를 졸업하고 바로 입학한 학생부터 결혼하여 대학에 다니는 자녀를 둔 학생들까지 연령 분포의 폭이 넓었다. 서먹한 시작이었지만 두 번째 시간을 마칠 즈음 참여자 간에도, 또 진행자와 참여자 사이에서도 편안한 분위기가 자리 잡았다. 쉬는 시간이 되어 대부분 학생이 강의실을 나갔는데, 한 학생이 남아 주변을 서성였다. 질문이 있는듯하여 다가가 혹시 궁금한 내용이 있는지 물었다. 그러자 그분은 약간 민망한 표정을 지으며, "올해 몇이세요?" 하고 묻는다. 내가 웃으면서 "왜 그걸 물으세요?"라고 하자 그분은 "궁금해서요." 하고 답했다.

"왜 그게 궁금한가요?"라고 재차 물으니, 그분은 이렇게 답했다.

"제가 배움이 많이 늦었거든요. 아들이 고등학생입니다. 제가 공부할 시기를 놓쳐서 늦게야 대학에 들어왔는데, 청소년 복지를 전공으로 택했어요. 그런데 제가 아들과도 소통이 잘 안 돼요. 친구들은 늦깎이 공부를 하는 저에게 '네 아들이나 잘 키우지 무슨 다른 청소년들까지 챙긴다고 뒤늦게 그러냐'고 해요. 제가 마음이 급하거든요. 교수님은 연세가 꽤 있으신데 어떻게 그렇게 열정적으로 활동할 수 있는지, 연세는 얼마나 되었는지 궁금했어요."

배움에 때가 있다고 생각하지 않는다. 나이가 몇 살이건, 뭐든 한 번 해 보겠다고 마음 정했으면, 누가 뭐라든 자기만의 뜻을 펴나가면 된다. 다른 사람과 비교할 필요 없다. 나는 나답게 살면 된다. 빨리 시작했다고 반드시 먼저 도착하는 것이 아님을 알았으면 좋겠다. 다른 사람의 나이나 살아온 경륜이 참고사항은 될 수 있겠으나, 그것이 큰 도움이 되진 않는다. 그리고 이것은 성인만이 아니라 아동에게도 동일하게 적용된다.

"다섯 살밖에 안 되었는데, 나이도 어린데, 애답지 않게" 등등 우리는 나이라는 숫자에 아이들의 능력과 존엄성을 가두고 제한해버리곤 한다. 우리가 아무 생각 없이 아이들에게 던지는 "몇 등이니?", "예쁘니?", "몇 살이야?"라는 질문이 아이들을 점수로 서열화하고, 외모 지상주의에 편승하게 하고, 연령으로 능력과 존엄성을 가두어버리는 건 아닌지 생각해 보아야 할 것이다. "귀엽구나, 예쁘구나, 몇 살이니, 남자답네, 학생이 공부나 해야지, 넌 아직 어려서 뭘 몰라…." 바로 오늘부터 신중하게 선택해야 할 말들이다.

☀생각해보기

　　　　가끔 대중 매체를 통해서 특별한 일을 성취한 사람이나 성공한 사람들에 대한 이야기나 글을 만나곤 한다. 참 대단한 일이라 생각하면서, 제일 먼저 떠오르는 궁금증은 무엇인가? 이 사람 도대체 몇 살이지? 몇 년 동안 훈련하면 저렇게 될까? 연봉은 얼마일까? 혹시 숫자를 누군가를 평가하는 기준으로 삼아 비교하고 차별하고 판단하는 도구로 이용한 경험은 없는가? 어린 왕자 이야기를 통해 잠시 성찰의 기회를 가져보자. 결국 숫자는 숫자에 불과하다.

Tips

　　　　생텍쥐페리는 그의 책 '어린 왕자'에서 인간에게 정말 필요한 것이 무언지, 인간의 '본질'을 알기 쉽게 설명한다. 어린 왕자가 네 번째 별에서 만난 사업가는 너무 바빠서 담배 피울 시간도 없다고 한다. 어린 왕자는 5억 개가 넘는 별을 소유했다는 그에게 묻는다. 별 5억 개로 무얼 하느냐고. 사업가는 그냥 가지고 있지하고 답한다. 그러자 다시 묻는다. 별을 가져서 무얼 하느냐고. 그가 부자가 된다고 대답하자, 어린 왕자는 부자가 돼서 뭘 하느냐고 집요하게 질문을 던진다. 그러자 사업가는 새 별을 발견하면 그걸 또 산다고 한다.

황당한 이야기처럼 들리지만, 오늘 우리의 현실도 다를 바 없다. 쉴 틈 없이 공부하는 학생들은 왜 그렇게 열심히 공부하는 것일까? 좋은 대학, 좋은 직장, 큰 차와 큰 집….

생텍쥐페리는 '내가 누군지' 먼저 찾는 것이 본질이라고 이야기한다. 이 시대를 살고 있는 아동들이 무엇을 소유할지가 아닌 내가 누구인가를 먼저 찾는 기회를 가질 수 있도록 함께 노력해야 한다.

말도 잘 못하는 영·유아들에게도 참여권이 있나요?

유일한 세계 공용어는 아이의 울음이다.

The only international language in the world is a Child's cry.

에글렌타인 젭(Eglantyne Jebb)

1990년대 종합사회복지관에서 일한 경험이 있다. 당시 우리나라에 영구 임대아파트 단지가 조성되면서 소위 '달동네'라 불리던 여러 마을에 흩어져 살던 저소득층 주민이 모여 살기 시작했었다. 그리고 아파트 단지 내에 종합사회복지관이, 복지관에는 영유아를 위한 보육시설이 함께 마련되었었다. 그러던 어느 날 한 여성이 아이를 업고 복지관에 찾아왔다. 그녀에게 벌어진 지난 몇 달 동안의 청천벽력 같던 이야기를 들으며, 그 처지와 상황이 슬프고 안타깝기도 했지만 엄마 등에 달라붙어 배시시 웃는 아기는 대단해 보였다. 아직 첫돌이 되지 않은 아기의 이름은 은지였다.

은지네는 은지와 엄마, 아빠 그리고 세 명의 오빠까지 모두 여섯 식구였다. 비록 여섯 식구가 살기에는 작은 평수였지만 이사 걱정하지 않아도 되는 임대아파트에서 행복을 꿈꿀수 있었다. 그런데 갑작스러운 교통사고로 아빠가 돌아가셨고, 엄마는 남편을 잃은 슬픔에 빠져있을 틈도 없이 홀로 네 아이를 책임져야 했다. 이제 어느 정도 자란 세 아이는 어떻게라도 해보겠는데, 은지를 키우면서는 아무것도 할 수 없었고 엄마를 바라보며 싱글싱글 웃고 있는 은지를 보면 힘이 빠져 어찌할 바를 모르게 되었다고 했다.

결국 은지 엄마는 많은 생각과 고민 끝에 은지를 아동생활 시설에 보내기로 결정하고 행정절차를 밟았고, 마침내 은지를 데리고 시설에 갔었다. 엄마와 헤어질 것을 알았는지 시설에 도착해서부터 내내 은지가 울었고, 시설 담당자는 "처음에는 다 이렇게 울기도 해요. 하루 이틀 지나면 적응하고 나아지니 걱정하지 마세요." 하며 위로해 주었다. 며칠 후 시설에서 연락이 왔다. 은지가 밤이고 낮이고 쉼 없이 울어 걱정이 되니 한번 들려달라고 했다. 걱정이 깊어갔지만 엄마는 은지는 시설에, 아들 셋은 어린이집에 맡기고 일을 시작했기에 바로 가보지 못했다. 한 달쯤 지났는데 시설에서 도저히 안 되겠다며 은지 엄마에게 연락이 왔다. 은지가 한 달 내내 멈추지 않고 울었다는 것이다. 결국 엄마는 은지를 데리고 다시 집으로 왔다.

그래서 은지 엄마는 은지를 업고 복지관 부설 어린이집에 찾아왔다. 아이를 맡아달라고. 지금은 영아전담 어린이집도 생기고 그에 맞춰 담당 교사도 배치되지만 그 당시에 24개월 미만의 아이를 받는 것은 불가능했다. 규정을 설명했지만 은지 엄마는 다른 방법이 없다며 사정했다. 결국 우리는 그날부터 은지를 맡기로 했다. 은지는 어린이집 선생님들뿐 아니라 복지관 직원과 수많은 자원봉사자와 지역주민의 사랑을 받으며 성장했다. 은지는 자기주장이 뚜렷하고, 자립심이 대단한 아이로 성장했다. 무척이나 영리하고 자기 앞가림을 정말 잘 해내는 아이로 자랐다. 부모 참관 수업이 있는 날 들어가 보면, 은지는 제일 앞에 앉아서 선생님을 똑바로 바라보며 수업에 집중하는 모습을 보였다. 친구들의 엄마가 모두 와도 은지는 표정 하나 변하지 않는다. 엄마가 오시지 못한다고 해서 주눅 들거나 기죽지 않았다. 은지는 언제나 당당했다. 저녁이 되면 틀림없이 엄마가 자기를 데리러 온다는 믿음이 있기에 그럴 수 있었다. 은지는 건강하고 밝게 성장했다. 은지 엄마는 하마터면 이 귀한 아이를 잃을 뻔했다며, 멈추지 않고 울어준 은지에게 너무나 감사하다고 했다.

은지의 울음에는 어떤 마음이 담겨 있었을까? 그것은 엄마와 함께 살겠다는 강력한 자기표현의 수단이었다.

아동인권을 이야기할 때 생존권, 보호권, 발달권, 참여권의 네 가지 기본권을 언급하곤 한다. 그런데 어떤 이들은 아동의 발달단계에 따라 향유할 수 있는 권리가 다르다고 생각하는 경우가 있다. 예컨대, 갓 태어난 아기나 글과 말을 논리정연하게 하지 못하는 영유아들에게 참여권은 큰 의미가 없고, 청소년기에 참여권이 중요하게 다루어져야 한다는 생각이다. 이것은 참여권을 매우 협소하게 바라보는 것이다.

그렇다면 영아, 유아들에게도 참여권이 있는 것일까? 당연하다. 신생아기, 영아기, 유아기, 아동기, 청소년기를 거치는 모든 아동은 권리의 주체이며, 자기 생각과 느낌, 바람과 견해를 표현할 권리가 있다. 글이나 말로 된 언어로 의사 표현이 가능하기 이전 연령대의 아동은 다양한 방식으로 그들의 감정과 생각, 희망을 표현하고 선택한다. 유엔아동권리위원회는 일반논평 제7호를 통해 영유아도 그들의 견해와 감정을 표현할 권리가 있음을 명시하고 있다. 또한 영유아기 아동의 참여권 실현을 위해서 성인은 아동 중심적 태도를 취하고, 귀 기울이며, 그들의 존엄성과 개별적 견해를 존중해야 하며, 그들이 선호하는 의사소통을 받아들이기 위한 인내심과 창조성이 필요함을 제시하고 있다.

아기의 울음에도 다양한 요구와 필요가 포함되어 있다. 모든 울음은 저마다의 의미가 담겨있다. 그 의미를 존중하고 이해하기 위해서는 의무이행자인 성인의 준비가 요구된다. 바로 들을 수 있는 마음과 귀를 준비해야 하는 것이다.

은지는 그냥 운 것이 아니었다. 은지의 울음은 시끄러운 소리가 아니라 강력한 의사 표현의 수단이자 참여권의 실현이었던 것이다. 우리는 은지의 울음을 통해 배워야 한다.

✳생각해보기

은지의 울음에는 어떤 의미가 담겨 있었을까?

은지의 울음은 권리를 청구하는 하나의 방법일 수 있지만 은지의 권리가 보장되고 실현되기 위해서는 누가 어떤 노력을 해야 할까?

일상에서 아동이 스스로의 참여권을 실현하기 위해 다양한 방식으로 감정이나 느낌, 의견과 생각 등을 표현하는 것을 경험한 적이 있다면, 함께 나누어 보자.

Tips

영유아를 포함한 모든 아동은 권리의 주체자이며, 영유아기는 아동권리 실현을 위한 결정적 시기이다. 우리는 영유아기를 미성숙에서 성숙으로 나아가기 위해 거쳐 가는 단계로 인식하는 전통적 관점에서 탈피해야 한다. 영유아를 포함한 모든 아동은 독립적 인격체로 존중받아야 하며, 영유아 역시 그들의 관심과 관점, 이해관계를 보유한 가족 및 사회의 구성원으로 인정되어야 한다.

우리는 영유아기 아동의 참여권 실현을 위하여 웃음과 울음 등 감정표현도 민감하게 살피고 알아차릴 수 있는 인내와 창의력을 갖춘 의무이행자가 되어야 한다. 갓 태어난 아기의 울음, 다섯 살배기 아이의 끊임없이 반복되는 물음, 그리고 10대 청소년의 침묵 역시 참여권을 실현하기 위한 방법 중 하나이며, 명백한 전 세계 공용의 의사 표현이다.

'틀렸다'가 아니라 '다르다'로

편견은 내가 다른 사람을 사랑하지 못하게 하고,
오만은 다른 사람이 나를 사랑할 수 없게 만든다.

영화 '오만과 편견'

대학에서 아동복지를 전공하는 학생들과 함께 아동인권교육훈련 워크숍을 진행한 적이 있다. 한두 시간의 특강이 아니기에 보다 의미 있는 교육을 위해 학교 측에 참여 학생의 명단과 참여 동기 등의 파악을 요청했다. 참여자의 특성이나 욕구에 적절히 부응하고 혹시라도 발생할 불편함을 최소화하기 위해서는 사전 준비가 중요하기 때문이다. 이번 참여자 중에 언어장애를 가진 학생이 한 명 있다는 것을 알게 되었다.

워크숍이 시작되고, 아동기의 경험을 나누는 활동을 진행했다. 자주 하는 활동이지만 이번에는 2인 1조로 짝을 이루어 아동기의 행복한 기억, 슬프고 화났던 기억을 나누도록 했다. 그리고 자신의 이야기가 아닌 짝꿍의 이야기를 대신 소개해주기로 했다. 한 학생이 나와 짝꿍의 이야기를 전했다.

"내 짝은 태어날 때부터 몸이 약했습니다. 몸이 약하다 보니 자주 아프고, 또래보다 발달이 더뎠습니다. 그러나 부모님은 힘들어하거나 짜증을 내지 않고 늘 '네가 태어나 주어 고맙다. 네가 있어서 너무 행복하다. 너는 정말 소중한 우리 딸이야.'라고 말씀하셨고 즐겁고 행복한 날들을 보냈습니다. 그런데 초등학교에 입학하면서 혼란스러운 일들이 벌어졌습니다. 학교에서 만나게 된 선생님이나 다른 학부모님들이 제 짝을 보면서 '아이고 가엾어라. 저 애 부모는 얼마나 힘들까.'라며 혀를 쯧쯧 찼다고 합니다. 처음엔 어른들이 왜 그런 말을 할지 의아했지만, 점점 자신이 말도 더듬고, 몸도 약하고, 왜소하기에 그런다는 것을 알고 속상하고 점점 주눅이 들고 위축되었다고 합니다. 만약 그때로 돌아갈 수 있다면 그 어른들에게 '우리 부모님은 나를 불쌍하게 생각하지 않고, 나를 정말 사랑하고 나로 인해 행복해하는데, 왜 알지도 못하면서 그런 이야기를 하는 겁니까?'라고 꼭 물어보고 싶다고 합니다. 생각할수록 그때는 왜 그런 이야기를 할 생각을 못 했는지 안타깝다고 합니다."

그 자리에 있던 우리 모두는 숙연해졌다. 왜 사람들은 불쌍하다고 생각한 걸까? 과연 나는 그 어른들과 다를까? 자신과 다른 특성을 가진 사람들을 만날 때 어떻게 그들을 존중하고 존엄하게 대할 수 있을까?

유엔은 지금까지 아홉 개의 국제인권법을 채택하였다. 시민적·정치적 권리, 경제적·사회적·문화적 권리, 인종차별, 여성차별, 아동권리, 이주노동자 권리, 장애인 권리 등 다양한 필요에 의해 제정되었지만 이들 아홉 개의 국제인권법에 빠지지 않고 들어가는 내용이 있다. 그것이 바로 비차별의 원칙이다. 인권을 이야기할 때 비차별은 결코 빠질 수 없는 핵심 중의 핵심이지만 이처럼 지키기 어려운 것도 없는 것 같다. 특히 지금 우리 사회는 더욱 그러한 듯하다. 유엔아동권리협약은 제2조에서 비차별의 원칙을 다음과 같이 선언한다.

유엔아동권리협약 제2조

① 당사국은 아동이나 그 부모, 법정대리인의 인종, 피부색, 성, 언어, 종교, 정치적 견해 또는 기타 의견, 민족적·인종적·사회적 출신, 재산, 장애, 태생, 신분 등의 차별 없이 본 협약에 규정된 권리를 존중하고, 모든 아동에게 이를 보장해야 한다.

② 당사국은 아동이 부모나 법정대리인 또는 다른 가족의 신분과 활동, 표명된 의견이나 신념을 이유로 모든 형태의 차별이나 처벌을 받지 않도록 모든 적절한 조치를 취해야 한다.

유엔아동권리협약 제2조는 아동이 어떤 이유로도 차별받지 않아야 할 뿐 아니라 그 부모나 후견인의 특성으로 인한 차별도 없어야 한다고 명시한다. 예컨대 부모의 범죄 여부나 경제적 상황, 장애 여부 등에 따라 아동이 차별받아서는 안 된다는 것, 즉 일종의 연좌제를 금지한다는 것을 의미한다. 인권을 이야기할 때 주목해야 할 것은 인권은 인간의 권리이며, 여기서 말하는 인간은 '모든' 인간을 의미한다는 것이다. 협약 제2조를 함축하여 말하면 '모든' 아동에게 '모든' 권리가 보장되어야 한다는 것이다. 그런데 '모든' 아동에게 '어떠한 종류'의 차별도 없이 '모든' 권리가 보장되어야 한다는 비차별의 원칙이 인간의 삶 속에 온전히 보장되는 일이 참 어렵다는 생각이 든다. 우리 모두 '다르다'와 '틀렸다'는 같은 의미가 아님을 알고 있다. 적어도 글과 머리로는 그렇다. 누군가에게 협약에 명시된 모든 권리를 향유할 자격이 없다고 할 때, 그것은 다름을 틀림으로 해석하고 있음을 반증하는 것이다. 현재 한국 사회에서 '성 소수자'란 단어만큼 민감한 것도 없을 것이다. 일각에서는 유엔아동권리협약 제2조에 성 소수자가 열거되지 않기에 '모든' 아동에 성 소수자가 포함하지 않는 듯이 말하고 행동한다. 성 소수자인 아동의 다름이 인정되지 못하고 틀렸다고 여겨지며 비난과 배제의 대상이 될 때가 있다.

꼭 성 소수자처럼 민감한 사안이 아니어도 일상생활에서 나와 다른 누군가를 불편해하고 인정하지 못 하는 일들은 종종 발생한다. 사람들은 알게 모르게 타인을 평가하고 판단하는 잣대를 지닌다. 그 잣대에 맞지 않는 사람을 자연스럽게 '틀림'으로 배제하거나 따돌린다. 내가 다른 사람을 사랑하지 못하게 만들며 다른 사람이 나를 사랑할 수 없게 만드는 오만과 편견을 알아차릴 수 있는 민감성과 멈출 수 있는 지혜, 그리고 타인에게도 권할 수 있는 용기가 필요하다.

✳생각해보기

파랑, 초록, 자주 빛 비늘 사이사이에 반짝반짝 빛나는 은빛 비늘이 박혀있는 아름다운 물고기가 있다. 다른 물고기들은 그 물고기를 '무지개 물고기'라고 불렀다.

물고기들이 무지개 물고기에게 말을 걸었다.

"얘, 무지개 물고기야 이리 와서 우리랑 같이 놀자."

하지만 무지개 물고기는 한마디 대답도 없이 잘난 체하면서 휙 지나가 버렸다.

어느 날 파란 꼬마 물고기가 무지개 물고기를 불러 세웠다.

"넌 반짝이 비늘이 참 많구나. 나한테 한 개만 줄래?"

무지개 물고기는 버럭 소리를 질렀다.

"내가 가장 아끼는 건데, 달라고? 네가 뭔데 그래? 저리 비켜!"

그런 일이 있은 뒤로 무지개 물고기가 다가오면 모두들 자리를 피해 버렸다. 무지개 물고기는 온 바다에서 가장 쓸쓸한 물고기가 되어 버렸다.

마르쿠스 피스터(Marcus Pfister)의 그림책 '무지개 물고기'의 내용 중 일부이다. 무지개 물고기가 외톨이가 된 이유는 무엇일까? 우리에게도 무지개 물고기처럼 다른 사람들을 다가오지 못하게 하거나 무시하는 태도는 없는지 생각해 보자.

Tips

차별은 우리 안의 편견이나 오만으로 발생하게 되
며 그 원인을 생각해 보면 다음과 같다. [3]

1) 정보가 부족하거나 정확하지 않은 정보를 가지고 있을 때
2) 잘 모르고 두려울 때
3) 종교나 문화에 기반을 둔 그릇된 신념 때문에
4) 전통이나 관습처럼 세대에 대물림 될 때
5) 힘이 있는 이들이 힘의 차이를 유지하기 위해서
6) 기득권을 지닌 이들로 인해 차별은 당연시 여겨지기도 한다.

---

3 Save the Children Sweden(2008). Equal You and Equal Me.

네 이웃은 누구인가?

너희가 남에게 대접을 받고 싶은 그대로 남을 대접하여라. 너희
를 사랑하는 사람만 사랑한다면 너희가 무슨 칭찬을 받겠느냐?

누가복음 6장 31~32절

성경에 황금률이 있다. 남에게 대접받고 싶은 대로 남을 대접하
라는 가르침이 그것이다.

　물론 이런 가르침은 성경에만 있는 것이 아니다. 공자께서는 己
所不欲 勿施於人(기소불욕 물시어인)이라 하여 자기가 하고 싶은
것이 아니면 다른 사람에게도 시키지 말라고 하셨다.

　그렇다면 여기서 말하는 남, 다른 사람은 누구일까? 성경에 있는
이웃에 대한 아주 유명한 이야기를 살펴보자.

　한 사람이 여행 중 강도를 만났다. 가지고 있던 모든 것, 심지어
입고 있던 옷도 빼앗기고, 두들겨 맞은 채 길에 버려졌다. 마침 한

제사장이 그 길을 지나가다 그를 발견했다. 보자마자 다른 길로 도망갔다. 그다음에는 레위인이 나타났고 그 역시 도망갔다. 이번에는 사마리아인이 나타났다. 사마리아인은 그를 발견하고 다가갔다. 상처에 응급처치를 하고, 가까운 숙소로 데려갔다. 그리고 그가 회복될 때까지 도왔다.

이 이야기 끝에 예수는 질문하신다. "누가 이웃이냐?" 국어사전에서 이웃은 "나란히 또는 가까이 있어서 경계가 서로 붙어 있음" 혹은 "가까이 사는 집이나 그런 사람"을 의미한다. 물리적으로 가까운 거리에 있는 사람을 이웃이라 한다면, 위의 이야기에서 이웃은 고통속에 움직일 수조차 없는 그에게 가까이 다가간 이가 이웃이라 할 것이다. 바로 사마리아인이다.

사마리아인은 강도 만난 자의 이웃이다. 그런데 놀라운 것은 사마리아인을 대하던 당시의 태도이다. 사마리아인은 혈통의 순수성을 상실한 이들이었다. 요즘 방식으로 표현하자면 혼혈 혹은 다문화라고 지칭될 것이다. 단일민족을 자랑처럼 내세우던 우리처럼 선민사상에 근거한 혈통에 대한 자부심으로 똘똘 뭉친 유대인에게 사마리아인은 상종하지 못할 존재였다.

"너희가 남에게 대접을 받고 싶은 그대로 남을 대접하여라."에서 말하는 남은 유대인에게 사마리아인이고, 사마리아인에게 유대인이었을 것이다. 즉, 오랜 세월과 관습으로 이유도 모른 채 서로를 적대시하던 집단이 내가 상대방에게 원하던 방식으로 상대방에게 대접

한다는 것은 치욕스러운 일이며, 상상조차 하고 싶지 않은 일이다.

1948년 선포된 세계인권선언은 그 영문 명칭이 Universal Declaration of Human Rights이다. 영문 명칭을 그대로 번역하면 세계인권선언은 보편적 인권선언이 되어야 한다. 왜 세계인권선언은 Universal로 시작하게 되었을까? 그 답은 세계인권선언 제1조에서 찾을 수 있다.

> 모든 사람은 태어날 때부터 자유롭고, 존엄하며, 평등하다. 모든 사람은 이성과 양심을 가지고 있으므로 서로에게 형제애의 정신으로 대해야 한다.

세계인권선언 제1조는 인간은 어떤 존재인지 언급한다. 자유롭고, 존엄하며, 평등한 존재이다. 그리고 이어서 인간답게 사는 것에 대해 이야기한다. 인간다운 삶은 이성과 양심, 그리고 형제애의 정신이 필요하다. 세계인권선언 제1조는 '모든'이란 단어를 반복적으로 사용한다. 인간의 존재와 인간답게 사는 것 두 가지 모두 '모든 사람'에게 해당하는 것이다. 누구는 자유, 존엄, 평등한데 다른 누구는 그렇지 않을 수 없다는 것이다. '모든 사람'이 그래야 한다는 것이다. 그래서 인권은 인간의 권리를 의미하고, 인간이 누구인가에 대한 치열한 투쟁의 산물인 것이다.

정리하자면, 인간이라면 누구나 세상을 자유롭고, 존엄하며, 평등하게 살아가면서 서로에게 이웃이 되어 이성과 양심, 형제애의 정신으로 살아가야 하는 존재인 것이다. 세계인권선언을 작성하기 위한 위원회의 위원장을 맡았던 엘리노어 루스벨트는 다음과 같은 말을 남겼다.

"보편적 인권은 어디서 시작될까요? 우리 집, 가까운, 아주 작은 곳, 너무나 익숙하고 보잘것없어서 세계 지도에도 표시되지 않을 그런 곳입니다. 그러나 이는 누군가의 세계이자, 그가 사는 동네, 다니는 학교, 일하는 공장, 농장, 사무실입니다."

인권은 분쟁 지역에만 존재하는 것이 아니다. 인권은 독재 정권이나 공산 정권에서만 이야기되는 것이 아니다. 지금 나의 일상에서, 마주치는 사람들과의 관계에서부터 우린 인권을 느낄 수 있고 실천해야 하는 것이다. 그들이 누구든지 관계없이 말이다.

✳생각해보기

　　2017년 여름, 허리케인 하비(Harvey)가 미국 걸프 코스트를 강타하여 엄청난 인명피해와 재산피해를 가져왔다. 많은 사람이 당장 도움이 필요한 사람들에게 음식과 물과 옷가지, 그리고 대피 장소를 제공해 주었다. 메릴랜드에서 피아노 상점을 운영 중인 딘 크레머와 그의 아내 로이스 역시 그들을 위해 무엇인가 해야겠다는 마음을 느꼈다. 모든 것을 허리케인으로 잃은 이들을 위해 자신이 할 수 있는 일이 무엇일까 고민하다 그는 입을 것, 먹을 것은 아니지만 상처받고 위로가 필요한 이재민에게 평안과 치유를 안겨줄 수 있는 악기를 가져다주기로 마음먹었다. 그들은 직원들과 함께 중고 피아노를 손질하였고, 피해 지역 가정이나 교회, 학교 등에 무료로 나누어 줄 피아노를 트럭 한가득 싣고 휴스턴까지 긴 여정을 떠났다. 사람들이 딘 크레머에게 왜 그 모든 피아노를 그냥 주었는지에 대해서 묻자, 그는 간단히 대답했다.

　　"우리는 이웃을 사랑하라고 배웠습니다."[4]

　　당신의 이웃은 누구인가?

4　Cindy Hess Kasper, Daily Bread, May 2019.

Tips

세계인권선언 제1조는 이 세상의 모든 사람, 인류는 서로 남이 아니라고 말한다. 남이 아니라 형제, 자매라고 한다. 인간다운 삶을 살고자 한다면, 이웃을 형제애로 대하라고 말한다. 그들의 종교가 무엇이든 그들 모두는 종교인이기 이전에 인간이고, 인간으로 서로를 대해야 한다. "네 이웃을 네 몸과 같이 사랑하라."는 명령은 성경에서 말하는 가장 큰 계명 중 하나이다. 때때로 우리는 '이웃'을 근처에 살거나 알고 있는 사람들, 혹은 내 마음에 드는 사람들로 한정 지어 생각한다. 그러나 예수님은 선한 사마리아인의 이야기를 통해서 '이웃'의 범위를 확장하며, 마태복음에서는 이렇게 가르치신다. "이 지극히 작은 자 하나에게 하지 아니한 것이 곧 내게 하지 아니한 것이니라."

내가 찾은 아동인권 옹호가

어린이는 어른보다 한 시대 더 새로운 사람입니다.

어린이 뜻을 가볍게 보지 마십시오.

방정환

국제아동인권센터에서 운영하고 있는 교육과정인 아동인권 옹호
전문가 과정 중 세 번째 단계인 전문과정에서 우리는 '아동인권옹호
(Child Rights Advocacy)'에 대해 본격적으로 논의하기 시작한다.
그 과정에서 아동인권을 옹호하는 사람, 아동인권 옹호가에 대해 이
야기한다. 그들은 누구이며, 어떤 활동을 했는지, 그리고 어떻게 그
런 일을 시작하게 되었으며 옹호가들의 활동이 세상을 어떻게 변화
시켰는지에 대해 소개한다.

마하트마 간디, 마틴 루터 킹, 넬슨 만델라 등 세계적으로 알려진
인권옹호가나 에글렌타인 젭, 야누슈 코르착, 방정환, 가가와 도요

히코처럼 동서양을 막론하고 100여 년 전 아동의 인권을 옹호하기 위해 앞장선 아동인권 옹호가에 대해 함께 배우며 토론한다. 이미 세상에 널리 알려진 이들의 삶과 활동을 이해한 후, 참여자 각자가 생각하는 인권 옹호가를 찾아서 발표하는 과정을 갖는다. 이미 널리 알려진 유명 인사부터, 자신의 지인이나 가족까지 다양한 인물의 활동과 삶을 공유하며 감동한다.

그중 인상 깊었던 한 아동인권 옹호가의 삶을 나누고자 한다. 과정을 진행하며 여러 번 소개된 적이 있는 인물이다. 그렇다고 자신의 업적이 널리 알려져 국제사회가 인정하는 엄청난 상을 받은 사람은 아니다. 그리고 아동인권 옹호가로 알려진 인물도 아니다. 그러나 사회적 약자인 아동이 겪고 있는 인권침해에 문제의식을 갖고 도전했고, 결국 자신의 도전을 통해 사회의 변화와 인간이 인간답게 살 수 있는 환경을 만드는 데 기여한 사람이다. 그는 '아름다운 청년 전태일'이다.

전태일, 그는 누구인가?

1948년 9월 28일 대한민국 대구에서 가난한 가정의 장남으로 태어났다. 1954년 서울로 상경했으나 부모님의 사업 실패로 초등학교 4학년 중퇴 후, 생계를 위해 신문팔이, 구두닦이 등 돈벌이를 시작한다. 그리고 1965년 평화시장 피복 공장에서 시다로 일을 시작한다. 그의 나이 17세 때의 일이다. 얼마 후 그의 성실함이 인정되어 재단

사가 된다. 그 후 그는 노동 착취에 대한 문제의식을 갖고, 1970년 11월 13일 대한민국 정부를 향해 "근로기준법 준수하라! 우리는 기계가 아니다!"를 외치며 22세에 분신 사망했다. 그는 오늘 대한민국 국민들에게 22세의 아름다운 청년 전태일로 기억되고 있다.

그는 어떤 활동을 했는가?

피복 공장의 재단사로 일하던 전태일은 시다로 일하는 10대 초반의 여자 아동 노동자들의 열악한 삶을 목격한다. 근본적인 문제 해결을 위해 노력하며 투쟁을 시작한다. 그는 구조적 문제 해결을 위해 근로기준법을 공부하고 어린 여자 노동자들의 건강 상태를 파악하여 근거자료를 들고 노동청을 방문하고, 대통령에게 간곡한 서한문을 보낸다. 한편으로 점심을 먹지 못하는 여공들에게 자신의 버스비를 털어 풀빵을 사서 먹인다. 전태일은 눈에 보이는 시급한 문제 해결 방법도 찾지만 근본적인 해결을 위해 구조적인 변화를 유도한다.

활동의 동기는 무엇인가?

평화시장 피복 공장, 전태일은 그곳에서 10대 초반의 어린 소녀들이 일당 70~100원을 받으며 점심도 먹지 못한 채 일하는 모습을 보게 되었다. 그는 장시간의 노동과 저임금, 건강을 해치는 열악한 환경 등 인권의 사각지대에서 일방적으로 착취당하는 어린 노동자들을 그대로 보고만 있을 수 없었다. 어린 소녀들이 노동 현장에서 당하는 차별과 불이익의 문제는 의식 있는 한 개인의 노력이나 의지로 해결될 수 없는 구조적인 문제임이 자명했지만, 그는 이 일을 묵인해도 괜찮은 사소한 일로 보지 않았고, 남의 일이라고 생각하지도 않았다. 소녀들의 고통을, 그들의 아픔을 자기의 아픔으로 가슴에 품었다.

그의 업적은 무엇인가?

1970년 11월 13일, 22세의 청년 전태일은 "근로기준법 준수하라!

우리는 기계가 아니다!"를 외치고 분신 사망한다. 그러나 사망 후, 그의 장례를 바로 치르지 못한다. 전태일의 모친 이소선 여사는 전태일이 생전에 요구했던 사항을 정부가 들어주지 않는 한 장례를 치를 수 없다고 주장한다. 결국 그의 요구인 '청계피복노조' 결성 지원, 근로자 정기 건강검진, 일요일 휴무 등의 요구가 받아들여져, 전태일의 사망 20일 후, 그의 장례가 진행되었다. 이로써 한국노동운동의 푯대가 된 청계피복노조가 1970년 11월 27일 출범하게 되었다.

1923년, 소파 방정환은 '어린이 공약 3장'을 발표했다.

- 어린이를 재래의 윤리적 압박으로부터 해방(解放)하야 그들에게 대한 완전한 인격적 예우(禮遇)를 허(許)하게 하라.
- 어린이를 재래의 경제적 압박으로부터 해방(解放)하야 만 14세 이하의 그들에게 대한 무상 또는 유상의 노동을 폐(廢)하게 하라.
- 어린이 그들이 고요히 배우고 즐거이 놀기에 족한 각양(各樣)의 가정 또는 사회적 시설을 行하게 하라.

어린이 공약 3장은 어린이를 성인과 똑같이 인격적으로 대해야 함을 천명하고, 어린이가 교육과 여가, 문화 활동을 향유할 수 있도록 가정과 사회, 정부가 해야 할 의무가 있음을 강력히 주장한다. 또한 만 14세 미만의 어린이들에게 모든 형태의 노동을 금하라 천명한다.

1970년, 소파 방정환이 어린이 공약 3장을 선포한 지 반세기가 지났지만, 여전히 아동들은 노동 착취로 고통받고 있었다. 이러한 세상을 바로잡고자 한 청년이 천하보다 귀한 자기의 생명을 희생한다. 이로써 우리 사회는 변화를 이루고 아동의 인권이 인식되는 계기가 된다. 다시 반세기의 시간이 흐른 2018년, 여전히 현장실습이라는 이름으로 노동 현장에 발을 디딘 아이들이 사망하는 일이 발생한다. 지금 다시, 우리에게 아동인권 옹호가, 아름다운 청년 전태일의 삶과 활동을 되새기게 된다.

✳생각해보기

이 글에서 우리는 왜 전태일을 아동인권 옹호가로 소개하였을까?

혹시 여러분의 가족이나 친구, 지인 중에 혹은 국내외 언론이나 소셜미디어 등을 통해 알게 된 인물 중에 아동인권 옹호가로 소개하고 싶은 인물이 있는지 살펴보자. 그 인물을 아동인권 옹호가로 생각한 이유를 나누어보자.

Tips

세상에는 착한 일, 좋은 일을 하는 사람들을 많이 만날 수 있다. 어려운 사람을 도와주고 배려해 주고 가진 것을 나누는 사람들을 선한 사람이라 한다. 만일 전태일 열사가 10대 어린 노동자들이 굶어가며 노동 착취당하는 모습을 보고, 가진 것을 털어 풀빵을 사주고, 약값을 마련하는 등의 행동만을 했다면 지금의 전태일로 기억되지 않았을지도 모른다.

청년 전태일은 바위에 계란을 던지는 것처럼 무모하지만 낙담하거나 좌절하지 않고 차별과 불의에 대항하기 위해 온몸으로 변화를 이끌었다. "근로기준법을 준수하라! 우리는 기계가 아니다!"를 외치며 단 하나뿐인 자신의 생명을 힘없는 가장 작은 자들의 더 나은 삶을 위해 희생함으로써 이 사회의 힘의 구조에 변화를 가져왔다. 아동인권 옹호가는 기존의 사회 질서나 제도, 인식 등이 아동의 인권을 침해하거나 제한할 때 법과 제도, 인식과 문화의 변화를 초래하여 궁극적으로 아동에게 불합리한 힘의 관계에 변화를 초래하는 사람을 의미한다.

우리가 알아야 할 승자의 역사

기독교는 가진 자에게 베풀라고 가르친다. 권력자에게 겸허하게 직책에 맞는 책임을 다하라고 가르친다. 겸허한 마음을 가져 부유함을 자랑하지 말며, 권력을 남용하지 말 것이다. 그러면 불평등으로 사회가 갈등을 겪는 일이 줄어든다. (…) 기독교는 또한 장차 모든 인간은 차별 없이 살아야 한다고 가르친다. (…) 하지만 이름뿐인 기독교는 이런 일을 실현할 수 없다. 참된 기독교만이 그럴 수 있다. 겉보기로의 기독교가 아니라, 속으로의 기독교가 그럴 수 있다. 그러므로 이런 선한 일들이 실현되고, 정치가 부패하지 않게 하려면, 참된 믿음을 배양해야만 한다.

윌리엄 윌버포스, '참된 기독교(1797)' [5]

---

5 "윌리엄 윌버포스(William Wilberforce)", 인물세계사, '네이버 지식백과' 온라인.

"역사는 승자의 기록이다."

누가 한 이야기인지는 모르지만 개인적으로 이 이야기에 반박하기는 쉽지 않다. 그런데 진정한 승자는 누구일까?

어려서 재미있게 탐독하던 책이 있었으니 계몽사에서 나온 '만화 세계사'였다. 20권으로 이루어진 이 책에서 난 세계를 배웠고, 역사를 배웠고, 위대한 인물(강자와 승자)의 삶을 동경하게 되었다. 그중에서도 기억에 남는 인물은 나폴레옹(1769~1821)이다. 코르시카 출신의 촌뜨기, 키도 작고 볼품없는 나폴레옹은 우리에게 "내 사전에 불가능은 없다!"라는 말로 유명하다. 그만큼 불가능을 극복하고 도전하여 원하는 바를 이룩한 승자로 기억되는 나폴레옹.

하지만 그는 정말 위대한 승자였을까? 그는 전쟁으로 수없이 많은 이들을 전쟁의 사지로 내몰았으며, 인간의 존엄성과 역사, 문화를 전혀 존중하지 않던 인물이었다. 그리고 마침내 권력을 탐하여 결국 스스로를 황제의 자리에 올린 인물이다.

왜 우리는 나폴레옹을 승자라 생각하고 동경하는 교육을 받게 된 것일까?

수단과 방법을 가리지 않고, 자신의 욕망을 끝없이 탐하며, 모든 이들을 자신의 발 앞에 굴복시키는 것이 진정한 승자라는 교육 환경에 노출된 것은 우리의 근현대사와 무관하지 않을 것이다. 그렇다면, 이제 우리는 누구를 진정한 승자라 소개해야 할 것인가?

나폴레옹과 비슷한 시기, 그가 그리도 경멸했던 영국에서 태어난

한 인물이 있다. 그는 나폴레옹과 정반대의 삶을 살았다. 그는 돈과 명예를 모두 가진 집안에서 태어났다. 부잣집 도련님으로 태어나 흥청망청 인생을 허비했다. 천부적 재능과 말솜씨도 있었기에 주변에는 사람들이 북적거렸고, 별문제 없이 정계에 진출하기도 했다. 그의 이름은 윌리엄 윌버포스(1759~1833)이다. 가진 것이 많아 대충 살아도 남들보다 잘살던 그는 종교적 회심을 통해 삶의 방향을 완전히 바꿨다. 그는 사회에 모범이 되며 나라를 깨끗하게 변화하는 일에 앞장서야 한다고 다짐했다.

그가 결심한 일은 바로 '노예제 폐지'였다. 당시 영국 경제에서 가장 중요한 역할을 하던 노예무역은 수많은 일자리와 이권에 관계되어 있어 쉽사리 건드릴 수 없는 일이었다. 하지만 그는 노예무역 폐지를 자신이 해야 할 사명으로 다짐하고, 11번이나 의회에 노예무역 폐지 법안을 상정한다. 수없이 반복되는 좌절과 모욕, 생명의 위협을 견뎌야 했으며, 그 많던 재산도 노예제 폐지를 위한 활동자금으로 소진하였다. 결국 영국 의회는 1807년 노예무역 폐지 법안을 통과시킨다. 장장 20년에 걸친 노력의 결과였다. 법안이 통과된 후 그는 노예제도 자체를 없애기 위한 활동을 계속해 나간다. 그리고 1833년 노예제도는 폐지되었고 모든 노예는 1년 이내에 자유인이 되었다. 그 결정이 내려진 사흘 뒤, 윌버포스는 사망하였다.

우리가 기억해야 할 승자는 승패로 결정되는 것이 아니라 상생으로 결정되어야 할 것이다. 모든 인간이 차별 없이 살아가는 것, 불평

등으로 인한 사회 갈등을 없애는 것. 이것이 바로 우리가 기억해야 할 진정한 승자의 역사이다.

✴생각해보기

나폴레옹과 윌버포스 중 누가 우리와 우리 아이들이 알아야 할 진정한 승자라고 생각하는가? 혹시 일상 속에서 나폴레옹과 같은 강자의 삶을 동경하지는 않았는지 생각해 보자. 그렇다면 그 이유는 무엇이었을까?

Tips

세상의 긍정적 변화를 이끄는 자, 자신을 높이고 자신을 안전한 곳에 두는 이가 아니라 사회적 약자를 위해 그들의 인간다운 삶과 존엄을 위해 기꺼이 위험 속에 뛰어드는 사람이 역사 속 진정한 승자이며, 그들이 바로 인권 옹호가이다.

이들이 이룩한 업적은 결코 홀로 이룰 수 있는 것이 아니다. 진정성과 탁월함으로 자신의 사명에 열정을 다하고, 신뢰와 존중으로 함께 연대하며, 지속가능한 긍정적 변화를 추구하는 것이 바로 진정한 승자가 되는 길이다.

아무리 화가 나도

나는 아이들이 잘못할 때마다 경상도 사투리로 과격하게 나무라곤 했다. 그런 내 언행을 돌아본 사건이 있었다. 큰아들이 중 2 때였다. 하루는 연락도 없이 아들이 집에 늦게 들어왔다.

"니 죽고 싶나? 와 연락도 없이 늦었노?"

아들을 다짜고짜 혼냈다. 아들은 대청소를 하다 보니 늦었다고 했다. 하지만 그 말이 변명으로만 들렸다.

"이게 어디서 말대답이고, 확 쥐이삘라마."

그러자 아들은 "엄마, 나 정말 죽일 수 있어요?"라고 진지하게 물었다. 순간 너무 놀랐다. 아직 어린 줄만 알았던 아들이 그런 말을 한다는 게 신기했다.

아들의 차분한 얼굴을 보며 난 "아니."라고 말했다.

아들은 "그럼 왜 제게 그런 말을 하세요? 엄마가 아무리 화나도 실천에 옮기지 못하는 말은 하지 않는 게 맞는 것 같아요."라고 했다.

조리 있는 말에 부끄러웠다. 부모라고 함부로 말해선 안 되는 것이었다.

나는 아들에게 사과했다. "엄마가 정말 잘못했다. 앞으로 그런 말 쓰지 않을게."

이후 그 약속을 지키고 있다. 아들을 존중받아 마땅한 인격체로 대하고자 노력한다. 아들 덕분에 좀 더 깊이 생각하고 말하는 사람으로 발전했다.

이양자, '좋은생각(2015년 2월 호)'

일상에서 접하게 되는 영화나 드라마, 소설, 신문기사 등은 아동인권교육훈련을 고민하는 우리에게 영감을 주기도 하며, 교육에서 활용할 수 있는 좋은 자료가 되기도 한다. 위의 글은 '좋은생각'이란 잡지에 실린 에피소드로 많은 가정에서 흔히 경험할 법한 이야기이다. 우리는 참여자들과 글을 읽고 몇 개의 질문을 제시한 뒤 각자의 답을 찾아 나누어 본다.

첫 번째 질문은 "엄마는 아이가 잘못할 때마다 왜 과격하게 나무라곤 했을까요?"이다. "니 죽고 싶나?", "이게 어디서 말대답이고, 확 쥐이삘라마."라는 언어 표현만 보면 엄마는 언어폭력, 정서학대를 가하는 것으로 여겨질 수 있다. 하지만 이 질문에 많은 참여자들은 아들을 걱정하고 잘되기를 바라는 엄마의 마음과 더불어 직설적인 경상도식 표현이라는 답을 많이 한다. 엄마가 아들에게 악의가 있는 것이 아니라 걱정되는 마음을 표현하는 하나의 방법이라는 것이다.

두 번째로 "내가 아들이라면, 이러한 엄마의 태도에 어떻게 반응했을까요?"라는 질문을 하면 참여자는 엄마의 입장에서 아들의 입장으로 관점을 바꾸어 생각한다. 그리고는 '문 닫고 방으로, 같이 대들고 반항, 울면서 자책, 대화 단절, 가출' 등을 답한다. 엄마의 입장에서야 걱정하는 마음에 대한 경상도식 표현이라 답하지만 아들 입장에서는 그런 걱정의 마음은 느낄 수 없는 일방적이고 강압적 태도로만 여겨진다는 것이다.

그런데 이 글에 등장하는 아들은 차분하고 진지하게 엄마에게 반응한다. 아들의 그 한마디는 엄마에게는 '유레카'를 외치는 순간이 되었다. 아직 어리고 의존적일 것 같았던 아들, 엄마의 소유물로 함부로 해도 될 것 같았던 아들에서 독립된 인격체, 권리의 주체자이자 자신의 견해를 표현하고 주장할 수 있는 아들을 발견하는 시간이었다. 그 찰나의 순간에 엄마는 아들을 대하던 관점의 완전한 변화를 경험한다. 이러한 존재에 대한 인식 변화는 아동인권을 실천하기 위해 매우 중요하다.

아동인권을 이야기하며, 유엔아동권리협약을 설명하며 수없이 반복하는 이야기가 아동은 소유물이나 객체가 아닌 독립된 인격체, 권리의 주체자라는 설명이다. 하지만 이러한 말은 대부분 한쪽 귀에서 다른 쪽 귀로 흘러나가는 미사여구나 감언이설로 여겨질 때가 많다. 이 글 속의 엄마처럼 아들에게 사과하고 아들을 인격체로 대하기 위해 노력하고 이러한 변화가 아들 덕분이라고 고백할 수 있는 용기를 가진 이들은 그리 많지 않다. 진정한 알아차림의 순간은 내가 지금까지 아무런 거리낌 없이 해오던 언어나 행동에 변화가 찾아오는 것이다. 아무리 화가 나더라도 말이다.

*생각해보기

신약성경 골로새서에는 "너희 자녀를 노엽게 하지 말지니 낙심할까 함이라."라는 말씀이 있다. 자녀를 노엽게 하는 부모의 언행은 어떤 것이 있을까? 여러분의 어린 시절 자신을 화나고 힘들게 했던 부모님의 레퍼토리는 무엇이었는지 떠올려 보자. 그리고 혹시나 내가 듣기 싫어했던 그 표현을 사용하고 있는 것은 아닌지 깊이 생각해 보자.

Tips

골로새서 저자는 노엽게 하지 않아야 하는 것은 낙심하지 않기 위함이라고 말한다. 노여움은 화가 치미는 감정을 의미하기에 저항적이고 격양된 상태를 나타낸다. 그리고 낙심은 바라던 일이 이루어지지 않아 마음이 상한 상태로 절망 속의 무기력을 의미한다. 부모의 과도한 기대나 집착, 비교나 비하의 언어, 폭력과 폭언은 자녀를 노엽게 한다. 자녀를 반복적으로 노엽게 한다면, 자녀는 서서히 부모와의 관계에 무심해지고, 삶에 무기력해진다. 자신을 사랑하고, 타인을 존중하는 자녀로 성장하기 바란다면 아무리 화가 나도 자녀를 노엽게 하지 말아야 할 것이다.

정답이 아닌 방법 찾기

누군가를 창의적으로 만드는 것보다 창조적인 것을 막는 게
훨씬 쉽다. 뭔가 새롭고 다른 일을 할 때마다 벌을 주면 된다.
즉, '다른 사람과 똑같이 하라'고 하면 그만이다.
창의성이란 도전하고 실수하고 스스로를 한번 바보로 만들어
보고 다시 추슬러 도전하는 것이다.

하워드 가드너 하버드대 교수

얼마 전 한 초등학교를 방문할 기회가 있었다. 우리 기관에서 위
탁받아 운영 중인 서울특별시 어린이·청소년 인권교육의 일환으로
현장에서 교육을 진행하는 강사의 교육을 모니터링하기 위해 방문
하게 된 것이다. 방문한 교실은 5학년 교실이고, 21명의 학생이 모
둠별로 앉아있었다. 진행자가 교육을 시작했다.

"여러분 아동인권에 대해 들어본 적 있나요? 아동인권이 무엇이

라고 생각하는지 나누어 드리는 포스트잇에 한 번 적어봐 주세요."

　모둠별로 토론을 하기 전, 각자의 생각을 정리하기 위한 준비 활동이었는데 놀라운 모습을 보았다. 진행자의 안내가 끝나자마자 대부분의 학생이 책상에 엎드려 포스트잇을 손으로 가리고 쓰는 것이었다. 누가 자신이 작성하는 것을 볼까 봐 손으로 가린 채 살짝 고개만 들고 좌우를 살피는 모습을 보며 옛 생각이 떠올랐다.

　지금으로부터 40여 년 전, 외국의 원조를 받아 낙후된 농촌이나 도서 지역의 개발사업을 진행할 때의 일이다. 각 지역에서 활동하는 지역 지도자들이 지역 주민들의 참여를 촉진할 수 있도록 돕는 역량 개발 워크숍을 개최했다.

　워크숍은 미국에서 파견 온 전문가가 민주주의적, 참여 방법으로 진행했었다. 질문하고, 발표하고, 대화하는 방식의 워크숍은 우리 모두를 몹시 당황하게 했다. 지역 지도자들뿐 아니라 참여한 모든 이들이 선생님의 질문에 정답을 말하지 않으면 창피를 당하거나 벌을 받던 경험이 일상다반사였고, 감히 선생님께 질문하거나 대꾸하지 못했기에 참여자들뿐 아니라 통역을 하며 조력자로 함께하던 나조차도 어찌할 바를 몰랐다. 어색한 침묵이 여러 번 반복되자 진행자는 모든 참여자 한 사람, 한 사람을 보며 질문을 던졌다.

　"당신은 지금 지역개발 사업에 참여한지 얼마나 되었나요?"

　한 사람씩 일대일로 질문하자 참여자들은 답을 했다. 채 1년도 되지 않은 참여자부터 20년가량 참여한 지역 지도자까지 다양했다. 모두에게 질문을 마친 후 진행자는 이렇게 말했다.

"지금 이 자리에 계신 여러분의 귀한 경험을 모두 합치면 120년 정도가 되네요. 저는 여러분의 활동을 돕기 위해 이곳에 왔지만 나의 경력은 30년에 불과합니다. 여러분 모두의 경험을 합친 120년은 제 경험의 네 배나 됩니다.

우리는 여러분들이 살고 있는 그 지역에 대해 생각해보고자 합니다. 여러분은 그곳에서 어쩌면 평생을 살았겠지만 저는 한국에 온 지 겨우 며칠 되었을 뿐입니다. 여러분의 지역사회를 변화시키는 문제에 대한 해결 방법을 여러분들이 더 잘 알 수 있습니다. 제가 묻는 질문에 정답은 없습니다. 이제 여러분의 생각, 경험들을 마음껏 자신 있게 풀어놓고 이야기해보세요. 오늘 이 자리에서 어쩌면 정말 멋진 해결 방법을 찾아낼지도 모르겠습니다. 기대됩니다."

그렇게 워크숍은 다시 시작되었다.

한국 사회를 권위주의적이고, 경쟁적이라고 한다. 질문이 용납되지 않는 학교와 직장, 정답과 오답만이 존재하는 평가 방식은 꽤 오랫동안 이어져 오고 있다. 실적 위주의 평가는 폐쇄적이고, 경쟁적인 문화를 조성한다. 그러다 보니 인권을 이야기하고, 고민하는 교육에서도 정답을 맞혀야 하고, 혹시나 오답을 이야기해 창피당하지 않을까 염려하는 경우가 자주 발생한다.

인권교육훈련은 지식, 기술, 태도가 모두 다루어져야 하지만 가장 중요한 것은 아는 것에 멈추지 않고 아는 것을 실천하는 것이며, 실천하기 위해서는 배운 것을 내재화하기 위한 과정이 요구된다. 그래서 인권교육훈련은 퍼실리테이션으로 진행된다. 고민할 주제나 문제를 두고 각자의 생각을 정리해보고, 서로의 생각을 나누고, 토론하여 보다 폭넓게 생각과 의견을 발전시켜 긍정적 대안에 도달하는 과정을 즐기도록 지원하고 안내하는 것이 우리가 추구하는 아동인권교육훈련이다.

아동인권교육훈련에서 중요한 것은 진행자와 참여자가 함께 배우며 성장하는 것이다. 진행자가 참여자에게 경험하도록 해야 하는 것은 전문용어나 전문지식이 아니라 함께 노력하는 과정을 통해 좀 더 나은 결론에 도달할 수 있다는 것이다. 그러기 위해서는 진행자와 참여자 모두 마음을 열고 솔직하게 자신의 생각을 말하고, 의견을 교환하며 협력해야 한다.

아동인권교육훈련에서 정답은 없다. 다만 원칙과 목적이 있기에 그 원칙을 지키며 목적에 도달하기 위한 방법을 찾는 과정일 뿐이다.

✳생각해보기

국제아동인권센터는 2019년 2월 대한민국의 제5~6차 유엔아동권리협약 이행 심의를 위해 직접 보고서를 집필한 아동권리스스로지킴이 집필진과 제네바에서 개최되는 사전심의에 다녀왔다. 아동들이 조사부터 집필, 디자인까지 직접 진행한 보고서의 제목은 '교육으로 고통받는 아동'이었다. 왜 대한민국에 살고 있는 아동들은 교육으로 고통받는다고 했으며, 그 원인은 무엇이라 생각하는가? 그리고 아동들이 이러한 고통으로부터 자유로워지기 위해 필요한 것은 무엇일까?

Tips

'교육으로 고통받는 아동'을 주제로 보고서가 제출된 나라도 있지만, 교육으로 인해 공존을 배우는 나라도 있다. 성적도 등수도 존재하지 않지만 2000년부터 3년마다 실시하는 학업성취도 국제비교연구(Programme for International Student Assessment: PISA)에서 3회 연속 세계 제1위의 학력을 유지하는 나라가 있다. 바로 핀란드이다. 핀란드는 온 국민이 타인과 비교하는 사회를 바라지 않는다고 한다. 이러한 핀란드 교육의 특징은 무엇일까?[6]

1) 핀란드 교육의 성과는 교사들의 공이다.
2) 핀란드의 교사는 가르치는 사람이 아니고 교육현장의 연구자이다.
3) 핀란드의 교육은 비교와 경쟁을 배제한다.
4) 핀란드의 교육은 평등 교육이다. (뒤처지는 아동을 모두 함께 가는 평등교육을 지향한다)
5) 이론에서 그치는 교육이 아닌 현장에서 행동으로 옮기도록 교육하고 훈련한다.
6) 교사는 아동과 학부모와 함께 노력한다.

6 마스다 유리야(2010), '핀란드 교사는 무엇이 다른가?', 시대의 창.

아동의 시작과 끝?

본 협약의 목적상, '아동'이라 함은 아동에게 적용되는 법에 의하여 보다 조기에 성인 연령에 달하지 아니하는 한 18세 미만의 모든 사람을 말한다.

유엔아동권리협약 제1조

그동안 다양한 분야에 종사하는 수많은 사람과 아동인권교육훈련을 함께하였다. 다양한 직업과 연령의 참여자들과 함께하는 과정에서 일부 참여자들이 혼란스러워하는 것이 바로 누가 아동인지에 대한 것이었다. 일반적으로 사람들은 아동의 연령 정의에 대해 명확한 개념을 갖고 있지 않았다. 초등학교 교장선생님과 교육을 진행하면서 그 자리에 모인 50명의 교장선생님들께 물었더니 모두가 7살부터 12살, 즉 초등학교 다니는 아이들을 아동이라 부른다고 답했다. 유치원 원장 선생님들에게 모임 교육에서 같은 질문을 했더니 태어나서부터 12세까지가 아동이라고 답했다. 실제로 성인이 아닌 자를 명명하는 표현과 정의는 다양하다. 발달단계에 따라 신생아기-영아기-유아기-아동기-청소년기 등으로 명명되기도 하며, 법령에 의하여 유아, 어린이, 청소년, 아동, 소년 등으로 불리며 그 연령기준 또한 천차만별이다.

그렇다면 유엔아동권리협약은 어떻게 정의할까? 협약은 제1조에서 '아동'이라 함은 아동에게 적용되는 법에 의하여 보다 조기에 성인 연령에 달하지 아니하는 한 18세 미만의 모든 사람이라고 정의한다. 만 18세, 즉 19번째 생일을 맞이하기 전까지의 모든 사람이 아동인 것이다. 그런데 당사자인 아동이 아동이라 불리길 원하지 않을 수도 있다. 앞서 언급하였듯이 유아, 어린이, 소년, 소녀, 청소년 등 다양하게 불리기에 만 18세까지를 아동이라 정의하는 데 이의를 제기하는 사람들도 많다. 특히 10대 시기의 당사자 중 많은 이들은 자신을 아동이 아니라 청소년으로 명명하고자 한다. 당연한 주장이고 틀리지 않는 말이다. 하지만 협약에서 아동의 연령을 정의한 것은 특별한 의미가 담겨있다.

협약이 제정되기 전 아동인권을 언급한 제네바아동권리선언이나 유엔아동권리선언에는 아동기의 시작이나 끝이 언제인지 제시되지 않았다. 하지만 이를 법률로 제정하기 위한 과정에서는 어디까지가 아동기인지가 매우 중요했다. 법률로 정해진다면 당사국은 아동의 인권을 보호, 존중, 충족하기 위한 책무성이 부여되기 때문이다. 그

래서 협약을 만드는 과정에서 아동을 정의 내리기는 쉽지 않았다. 일부 국가는 경제적으로 부담이 되기에 아동의 연령을 15세로 낮추어야 함을 강하게 주장하기도 했다. 국제법인 협약이 제정되고, 국가가 비준하게 되면 이를 실현해야 하는데, 실현 불가능해 보이는 것을 약속할 수는 없다는 의미였다. 그래서 협약 곳곳에는 아동권리를 보호·존중·실현함에 있어서 자국의 재정상황이나 역량이 불가할 때는 국제협력을 통해 인류가 공동으로 달성해야 함을 천명하고 아동 연령을 만 18세로 정하게 되었다. 유엔아동권리협약의 여러 조항에서 언급하고 있지만, 대표적으로 협약 제4조는 "당사국은 이 협약에서 인정된 권리를 실현하기 위하여 모든 적절한 입법적·행정적 및 여타의 조치를 취하여야 한다. 경제적·사회적·문화적 권리에 관하여 당사국은 가용자원의 최대한도까지 그리고 필요한 경우에는 국제협력의 테두리 안에서 이러한 조치를 취하여야 한다."고 명시되어 있다.

성인과 동일한 인간이지만 동시에 발달적 특수성을 지닌 아동은 자신들의 인권을 온전히 보장받아야 한다. 아동을 부르는 명칭이나 발달단계에 따라 그들의 권리를 임의로 나누거나 특정한 권리를 우선하거나 배제하여서는 안 된다. 아동을 무엇이라 부르던 유엔아동권리협약에 명시된 모든 조항은 만 18세 미만의 모든 사람에게 올곧이 보장되어야 한다.

✳생각해보기

　　　　　　　　유엔아동권리협약 제1조와 한국 정부의 아동복지법 제3조 1항은 아동의 범위를 만 18세 미만의 모든 사람이라고 정의한다. 연령이 아동의 능력을 규정하는 절대적인 척도가 될 수 없음에도 왜 아동의 범위를 법으로 규정해 놓았을까? 아동의 범위를 법으로 정해두는 것이 아동에게 어떤 유익을 줄 수 있을지 생각해 보자.

Tips

　　　　　　　　유엔아동권리위원회는 부모 동의가 필요 없는 법률 및 의료상담 또는 의료적 치료와 수술, 의무교육 종료, 유해한 노동 및 취업, 혼인, 성적 동의, 자발적 군 입대, 형사책임, 신분 변경, 생물학적 가족에 대한 정보 접근, 집회 결사, 종교 선택, 알코올 및 기타 규제 약물 섭취 등과 관련하여 '국내법에서 정의된 최저 법적 연령'에 대한 정보를 당사국에 요청한다. 이는 아동을 보호하기 위한 목적의 최저연령은 가능한 높게 설정되고 아동의 시민으로서의 권리, 자율성 획득 등과 관련한 최저 연령은 아동의 욕구에 민감하게 반응할 수 있도록 설정되는 것이 아동인권 보장에 적절할 수 있기 때문이다.

방법을 찾는 교육이란?

최근 한 지역의 아동복지연합회에서 복지시설 종사자들을 대상으로 하는 아동인권교육 의뢰가 들어왔다. 아동인권에 대한 사회적 요구나 정부의 기준이 강화되면서 아동들과 함께 지내는데 상당한 어려움을 경험하고 있다면서 몇 가지 사항을 요청했다. 첫 번째는 시설에서 경험하는 아동인권과 관련된 다양한 딜레마 상황을 해결하는 방법을 알려달라는 것이고, 두 번째는 다루기 힘든 아동을 훈육하거나 말썽을 일으켜 혼을 내야 할 상황이 발생할 때 어느 정도로 해야 아동학대가 아니며, 종사자들이 책임을 면할 수 있는지 알려주는 교육을 원한다고 했다.

실제 이러한 요청은 몇 해 전부터 꾸준히 전국 각지의 다양한 현장에서 이어져 오고 있다. 심지어는 몇 대를 때리면 훈육에서 학대로 넘어가는지, 아이들 연령에 따라 벌을 주는 시간을 어떻게 조절해야 하는지를 알려달라는 교육 요청을 받은 적도 있다.

이와같은 요구에 부응할 강사가 얼마나 있는지는 잘 모르겠지만,

우리는 그런 교육은 할 줄 모른다. "이런 상황에서는 이렇게 대처하시고, 저런 상황에서는 저렇게 대처하세요."라고 가르칠 능력은 우리에게 없다. 체벌에 사용하는 막대기의 길이나 벌을 주는 시간을 아동의 연령이나 성숙도에 어떻게 맞추어야 하는지를 실험해본 적도 없고, 실험할 생각도 없다.

아동복지시설에서 아동들과 함께 살아가는 종사자뿐 아니라 모든 가정과 학교, 기관과 시설에서 아동과 함께하다 보면 매일매일 수없이 많은 갈등과 번뇌의 상황에 놓이게 된다. 만약 여럿이 함께 해야 하는 공간에서 규칙을 따르지 않고 제멋대로 구는 아이가 있다면 다음과 같은 상황에 놓치게 될 것이다.

1) 제멋대로 구는 아이가 있다.
2) 이 아이가 잘 성장하기를 바란다면 그냥 두지 않고 따끔하게 혼내야 한다.
3) 정신 차리도록 혼내려면 아이에게 체벌을 가해야 한다.
4) 그런데 체벌을 했다가 학대로 신고되면 내가 골치 아파지는 상황이 생긴다.

이때의 딜레마 상황은 무엇일까?
"아이를 그냥 둘 것인가 vs. 학대 신고의 위험을 무릅쓰고 체벌해야 하는 것인가?"

딜레마 상황이란 무언가를 선택해야 하는 상황에서 어느 쪽을 선택해도 곤란한 상황에 처하게 될 때를 말한다. 즉, 이러지도 못하고 저러지도 못하는 상황에 놓여 있을 때 딜레마 상황에 놓였다고 한다. 위와 같은 상황에서 힘으로 제재하면 비난과 책임을 면할 수 없고, 그냥 두자니 감당이 되지 않으니 딜레마 상황이라고 생각할 수도 있다. 그러나 우리의 교육은 딜레마 상황에 대처하는 매뉴얼을 제시하거나 문제를 없애주지 못한다.

아동인권교육훈련이란 이러한 상황에서 어떻게 하는 것이 효과적인 양자택일인지를 제시하는 것이 아니라, 문제의 원인과 원인을 해결할 수 있는 대안을 찾도록 돕는 것이다. 그래서 우리는 이런 질문을 제시한다.

1) 문제는 무엇인가요?
2) 왜 이런 일이 발생했나요?
3) 당신이 알고 있는 이 아이의 기질과 발달단계의 특징은 무엇인가요?
4) 당신이 바라는 아이에 대한 장기 목표는 무엇인가요?
5) 나는 어떻게 행동해야 할까요?

어떤 이들은 제멋대로 구는 아이를 문제라고 한다. 다른 이들은 제멋대로 구는 아이를 어떻게 하지 못하는 자신의 상황이 문제라고 한다. 문제를 무엇으로 바라보느냐에 따라 이어지는 질문의 답은 달라진다. 대다수의 교육훈련 참가자는 스스로, 혹은 모둠과의 토의를 통해 해결책을 도출해낸다. 누군가 일일이 알려주지 않아도 처리 방법을 찾아낸다. 정말 어려운 것은 찾아낸 다음에 도래한다. 그 방식을 적용하기 위해 환경과 자신을 변화시킬 힘을 준비하는 것이 필요하다.

우리의 교육은 이런 상황에서 스스로 가진 힘과 능력을 통해 다른 방안을 찾아볼 수 있도록 도움을 주고 이를 실천할 수 있도록 촉진하는 역할을 할 뿐이다. 방법을 찾는 교육은 참여자로부터 시작되는 것이다. 세상에서 가장 바꾸기 어려운 것이 '타인'이라고 한다. 그보다 바꾸기 쉬운 것이 '자신'이고 '환경'이다. 문제 아이는 없다. 단지 내가 문제 상황에 처해있을 뿐이다. 이러한 신념으로 평화롭게 공존할 수 있는 상생의 방법을 찾는 지혜가 넘쳐나길 기원한다.

✳생각해보기

하은이는 5세 여자아이로 당신의 사랑스러운 딸이다.

오늘은 아침 9시에 맞춰 시작될 부서회의를 위해 서둘러 출근해야 한다. 오늘 회의에서 중요한 발표를 해야 하기에 평소 보다 조금 일찍 하은이를 어린이집에 데려다 주고 출근하려 한다.

그런데 옷을 입는 것부터 하은이가 힘들게 한다. 날이 추워 따뜻한 옷을 입히려 하는데 여름 원피스를 입겠다고 고집을 부린다. 시간은 촉박하고, 아이와 실랑이를 더 하다간 회의시간을 맞추기도 어려울 것 같다.

이런 상황에서 당신이 하은이 부모라면 어떻게 할지 생각해 보자.

Tips

이 세상의 모든 일 중에 아이를 양육하는 것보다 어려운 역할은 없다고들 한다. 부모든, 교사든, 시설 종사자든 모든 아동 양육자들이 입을 모아 고백하는 말이다. 왜 그리 어려운지 다양한 이유가 있겠지만, 무엇보다 아동은 모두 다르다. 이럴 때는 이렇게, 저럴 때는 저렇게라는 하나의 통일된 규정이나 규칙이 모든 아이에게 똑같이 작동할 수 없다. 한날한시에 태어난 쌍둥이도 모두 다르다.

그래서 우리는 아동인권을 말할 때 다양성의 존중과 개별화의 중요성을 이야기한다. 이를 실현하기 위해 필요한 것은 솔루션이나 처방전이 아니다. 타인의 시선으로부터 초조하거나 창피해하지 않을 수 있는 '여유'와 손쉽게 문제를 끝내기 위해 사용하는 강압적이거나 회유하는 단기적 반응이 아닌 긍정적이고 새로운 대안을 생각는 '성찰' 그리고 이를 적용할 수 있는 '용기'가 우리에게 필요하다.

아동폭력을 없애기 위해

2018년 여름은 유난히 더웠다. 기상청은 연일 지역에 따라 폭염 주의보, 폭염경보, 폭염특보를 발효했다. 거리를 걷다 보면 머리까지 뜨거워졌다. 뜨거워진 머리는 좀처럼 식을 줄 모르고, 지끈지끈 두통으로 이어졌다. 그러나 우리를 정말 열받게 하고, 머리 아프게 하는 건 더위가 아니었다. 아동을 향해 가해지는 폭력과 무관심이 도를 넘고 있는 듯했다. 매일매일 사건 사고가 넘쳐났다. 2018년 여름의 무더위보다 우리를 더 힘들게 한 몇 건의 사건 기사는 우리를 숨 막히게 했다.

"품행에 문제 있다" 원생들 정신병원 보낸 복지시설 원장
한 아동복지시설 원장이 품행에 문제가 있다는 이유로 원생들을 정신병원에 입원시켜 온 아동학대 사례가 국가인권위원회 직권조사결과 드러났다. 인권위 조사 결과, 해당 시설은 과거 시설에 거주하던 초등학생 4명과 중학생 1명을 정신병원에 입원시킨 전력이 있는 것으로 드러났다. 이들 아동 대부분은 부모가 없으며, 입원 사유는 품행장애였다. 입원 기간은 짧게는 총 2개월, 길게는 총 20개월이었고 평균 입원 횟수는 3.6회로 집계됐다.[7]

11개월 원생 사망 어린이집교사 체포…"재우려고 올라타"

19일 서울 강서경찰서에 따르면 김씨는 전날 화곡동의 한 어린이집에서 생후 11개월 된 남자아이를 재우는 과정에서 몸을 누르는 등 학대해 숨지게 한 혐의를 받는다. 경찰 관계자는 "사건 당일 어린이집 내부 폐쇄회로(CC)TV를 압수해 분석한 결과, 김씨가 낮 12시께 아이를 엎드리게 한 채 이불을 씌운 상태에서 온몸으로 올라타 누르는 장면 등을 확인해 긴급체포했다"며 "오늘(19일) 안으로 구속영장을 신청할 예정"이라고 밝혔다.[8]

'장애 여학생들 성폭행' 교사 "죄송합니다"…영장 심사

제자인 장애 여학생들을 성폭행한 혐의를 받는 강원도 특수학교 교사 박모(44)씨가 20일 오전 11시 춘천지법 영월지원에서 구속 전 심사(영장실질심사)를 받았다. 박씨는 2014년부터 최근까지 지적 장애가 있는

7 2018년 7월 19일 연합뉴스 기사
https://www.yna.co.kr/view/AKR20180719066100004?section=search

8 2018년 7월 19일 연합뉴스 기사
https://www.yna.co.kr/view/AKR20180719028651004?section=search

A양 등 여학생 3명을 교실 등에서 수차례 성폭행한 혐의를 받고 있다.[9]

병원서 숨진 17개월 영아 얼굴에 타박상 흔적 ⋯ "학대 여부 조사"

경북지방경찰청은 병원에서 치료를 받던 생후 17개월 된 영아가 숨져 사인과 아동학대 여부를 조사하고 있다고 26일 밝혔다. 경찰에 따르면 지난 25일 경북 한 아동병원에서 치료를 받다가 상태가 나빠져 대구 한 대학병원으로 옮겨진 A(2)양이 이송 2~3시간 만인 오후 10~11시께 숨졌다. 의료진은 숨진 A양 얼굴에서 타박상 흔적 등이 발견되자 경찰에 "아동학대가 의심된다"고 신고했다.[10]

아동들은 지금 안전하지 못한 세상에 살고 있다. 가정도, 학교도 안전하게 생활하고 배울 수 있는 환경을 제공하지 못한다. 이는 비단 우리나라만의 문제는 아니다. 유엔아동권리위원회는 전 세계의 아동인권 상황을 심의하면서 아동에게 가해지는 폭력의 심각성에 주목했고, 아동폭력에 대한 심층적 연구를 수행하였다. 유엔아동폭력보고서는 아동폭력이 만연한 환경으로 가정, 학교 등의 교육 환경

9   2018년 7월 20일 연합뉴스 기사
https://www.yna.co.kr/view/AKR20180720034351062?section=search

10   2018년 7월 26일 연합뉴스 기사
https://www.yna.co.kr/view/AKR20180726104600053?section=search

그리고 아동보호시설 등을 제시하였다.

2017년도 전국아동학대현황보고서에 의하면 2017년 아동학대로 판단된 22,367건 중 부모에 의해 발생한 경우는 76.8%(17,177건)으로 나타났다. 그다음으로 초·중·고교 직원이 6%(1,345건), 보육교직원이 3.8%(840건), 유치원 교직원 및 아동복지시설 종사자 1.3%(283건)로 나타났다. 유엔아동폭력보고서와 유사하게 가정, 학교, 시설 등에서 아동폭력이 많이 발생하는 것이다.

유엔아동폭력보고서 연구의 책임자인 파울로 세르지우 핀 헤이루(Paulo Sergio Pinheiro) 박사는 보고서를 시작하며 두 개의 강력한 메시지를 세상에 던진다.

"아동에 대한 폭력은 정당화할 수 없다.

아동에 대한 모든 폭력은 예방 가능하다."

유엔아동폭력보고서가 세상에 나온 지 10여 년이 지났다. 그동안 우리는 수많은 아동을 잃었다. 그리고 이를 예방하고 근절하기 위해 수차례 법을 개정하고 새로운 법을 제정하기도 했다. 아동복지법도 개정하였다. 이는 아동에게 폭력 없는 나라, 아동인권이 보장되는 안전하고 평화로운 나라를 만들고자 함이었다.

그러나 우리의 현재는 여전히 '사랑의 매'라는 이름으로 폭력을 정당화하고, 체벌은 필요악이라 생각하는 문화가 남아있다. 학창 시절, 가정이나 학교에서 당한 체벌이나 기합 등에 대해 마치 무용담

처럼 이야기하는 것도 전혀 어색하지 않다. 심지어 아동학대근절을 위한 한 토론회에서 만난 검사는 학창 시절 집과 학교에서 두들겨 맞았기에 그나마 지금처럼 사람답게 살고 있는 것이라고 체벌의 필요성을 주장하기도 했다.

무엇이 문제인가? 아동을 폭력에서 해방하기 위한 방법은 정말 없을까? 우리는 2018년 유엔아동권리협약을 국내법으로 채택하여 협약의 영향력을 강화하고자 결정한 스웨덴의 경험에 주목할 필요가 있다. 스웨덴은 1979년 세계 최초로 가정, 학교를 비롯한 모든 체벌을 금지하는 법을 제정했다. 최근 시사IN과 인터뷰를 한 스웨덴의 사회법학자 페르닐라 레비네르 교수의 이야기는 우리에게 시사하는 바가 크다.[11]

예전 스웨덴처럼 제반 환경이 갖춰지지 않은 국가에서는 체벌 금지법을 도입하기 어렵지 않을까?

자녀 체벌 금지에 관한 논쟁이 벌어지는 세계 여러 나라들을 가봤다. 터키, 세르비아, 남아프리카, 나이지리아… 결론은, 이 법은 어느 나라에서나 가능하다. 다만 그 열쇠를 각 나라에서 찾아야 한다. 경제 수준이 높지 않다면, 복지 시스템이 뒷받침되지 않는다면, 정치인과 정부에 신뢰가 없다면 다른 방식으로 찾아야 한다. 분명히 유엔아동권리협약

11 2018년 7월 25일 시사IN 기사
https://www.sisain.co.kr/?mod=news&act=articleView&idxno=32342

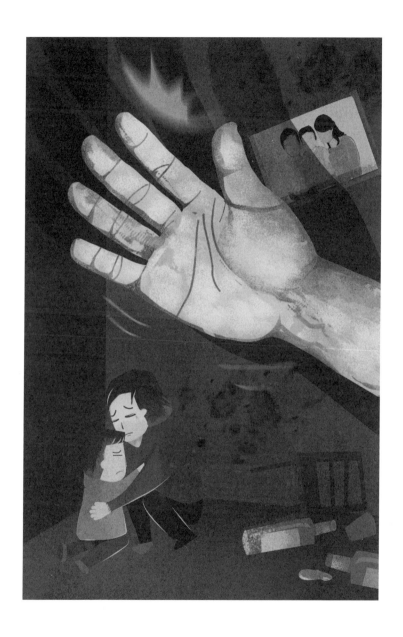

은 매우 강하게 아이들에 대한 폭력을 중단해야 한다고 명시하고 있고 거기에 많은 국가가 비준했다. 한국도 비준한 거로 안다.

한국도 체벌 금지로 이해할 만한 법 조항이 있지만 사실상 시행되지 않고 있다.

법이 어떻게 작동하게 할 것인가가 중요하다. 특히 아이를 때린 부모를 범죄자 측면으로만 봐선 안 된다. 태도와 인식을 바꾸기 위한 법이지 부모를 처벌하기 위한 법이 아니다. 법 개정을 하되 가족을 지원해 아이를 키우는 더 나은 방법을 찾아주는 것에 초점을 맞춰야 한다.

아동에게 가해지는 모든 폭력에 대해 국가는 단호하게 대처하고 책임을 물어야 한다. 하지만 처벌만이 능사는 아니다. 언론에서 주목하는 심각하고 잔혹한 폭력만이 아동학대 혹은 아동폭력으로 인식되기에 경미한 체벌은 괜찮은 것으로 인식될 수 있다. 수없이 많은 경미한 사고가 발생한 뒤에 대형사고가 발생한다는 하인리히 법칙(Heinrich's Law)처럼 우리가 미디어를 통해 접하게 되는 아동폭력은 일상에서 소소하게 발생하는 수없이 많은 숨겨진 폭력이 발생하였기에 일어나게 되는 것이다.

레비네르 교수에 의하면 스웨덴에서는 아이가 태어나기 전부터 부모는 부모교육 코스를 밟는다고 한다. 의무적이진 않지만 모두가 자발적으로 참여하여 교육받는다. 우리도 부모가 되기 전, 보육교사가 되기 전, 학교 교사가 되기 전, 사회복지사가 되기 전에 아동과 아동의 권리에 대하여 지식과 기술과 태도를 자발적으로 배우고 훈련받는 과정이 자연스러운 사회가 되면 좋겠다. 그리고 우리 정부 지도자들, 전문가들, 기업인들, 언론인들 모두가 아동의 지위와 존엄성에 대한 열띤 논의를 할 수 있고 대중이 그들의 의견을 신뢰하는 문화가 형성되길 바란다.

✳생각해보기

우리나라도 아동학대와 방임 등 아동에게 가해지는 폭력을 근절하기 위해 법을 제정하고 아동보호 전문기관을 늘이는 등 많은 노력을 하고 있음에도 불구하고 여전히 관련 사건사고가 끊이지 않는다. 당신은 그 이유가 무엇이라고 생각하는가? 레비네르 교수의 인터뷰 내용을 참고하여 우리 사회가 아동에 대한 모든 폭력을 근절하기 위해 해야 할 일은 무엇이 있을지 생각해 보자.

Tips

세계보건기구, 유니세프, 세계은행 등 다양한 국제기구와 NGO, 연구기관 등이 공동 연구를 통해 아동에 대한 폭력을 근절하기 위한 7개의 전략을 다음과 같이 도출하였다.[12]

---

12 World Health Organization. (2016). INSPIRE: seven strategies for ending violence against children. World Health Organization.

- **법 집행과 이행:** 부모, 교사, 그 외 양육자 등에 의한 체벌을 금지하는 법, 아동 성착취와 성학대를 범죄로 정하는 법, 알코올의 남용이나 무기 등에 대한 접근을 제한하는 법 이행과 집행

- **규범과 가치:** 모든 아동을 위한 비폭력적이고, 긍정적이며, 성평등한 관계를 지지하는 규범과 가치 강화

- **안전한 환경:** 많은 아동이 모이고, 시간을 보내는 다양한 환경이나 거리를 안전하게 조성하고 유지

- **부모와 양육자 지원:** 긍정적인 부모-자녀 관계를 형성하고 가혹한 양육태도를 근절하기 위한 가정 방문이나 지역사회 기반 프로그램 제공

- **소득과 경제적 강화:** 자녀가 있는 가족의 경제적 안정성 향상

- **지원서비스:** 양질의 보건, 사회복지, 학대 및 폭력 신고서비스, 사법지원 서비스 제공

- **교육 및 생활 기술:** 보다 효과적이고, 성평등적인 교육과 사회정서학습과 평생교육에 대한 아동의 접근성을 높이고, 학교 환경이 안전하도록 보장

아동 최상의 이익
원칙으로 보는 입양 이야기

입양제도를 인정하거나 허용하는 당사국은
아동 최상의 이익이 최우선적으로 고려되도록 보장해야 한다.

유엔아동권리협약 제21조

미국 오하이오주에서 행복하게 살고 있던 제시카는 어느 날 우간
다에 약 300만 명의 고아가 있다는 기사를 읽게 된다. 세상에 도움
이 필요한 아이들은 수없이 많지만 제시카와 그녀의 남편 아담은 가
족이 필요한 우간다의 아이를 입양하기로 마음을 정했다. 이미 자신
들이 낳아 함께 살고 있는 네 명의 자녀가 있기에 입양의 다른 이유
는 없었다. 다만 자신들이 누리는 것을 누리지 못하는 한 아이와 나
누며 살고 싶은 마음뿐이었다.

입양 수속은 2013년 10월에 시작되었다. 수많은 서류를 작성하
고, 수만 달러의 비용을 지불하였다. 모든 절차를 마치기까지 1년이

넘게 걸렸지만 가장 중요한 것은 아이의 필요를 충족시키는 것이라 생각하고 모든 것을 기쁘게 감내했다. 그리고 2015년 그들은 마침내 아름답고, 강하고, 용감한 6살 소녀 나마타(Namata)를 맞이하게 되었다.

제시카가 뭔가 이상하다는 것을 깨닫게 된 것은 그들이 함께 살게 된 지 약 1년 반이 지난 무렵이었다. 제시카는 나마타가 전하는 이야기를 이해하기 어려웠다. 그녀가 알고 있는 정보와 전혀 상반된 이야기를 하는 나마타를 보며 학대로 인한 트라우마가 그녀의 기억을 왜곡한다고 생각했었다. 6개월이라는 시간이 지난 후에 제시카는 나마타가 자신의 말을 전하기 위해 매우 노력하고 있다는 것을 깨달았다. 제시카의 관점이 변하자 나마타의 이야기는 아무것도 모르는 상처 입은 작은 아이의 넋두리가 아닌, 무언가 중요한 것을 말하며 이해해 주기를 간절히 바라는 아이의 호소가 되었다. 그렇게 나마타의 이야기는 제시카에게 들리기 시작했다.

나마타가 전해준 우간다의 가족 이야기는 입양을 알선해준 유럽 입양기관(European Adoption Consultants Inc.)을 통해 전달받은 정보와 완전히 달랐다. 나마타는 고아가 아니었고, 그녀를 너무나 사랑하는 엄마와 가족들이 있었다. 입양기관에 의해 나마타는 서류상 고아로 조작되었고, 나마타의 엄마에게는 미국의 부유한 가정이 후원자가 되어 나마타를 교육해주기로 한 것이라고 속인 것이었다.

이러한 사실을 알게 되면서 고민이 시작되었다. 그녀와의 이별은 슬프지만 나마타를 가족에게 돌려보내야 한다는 마음을 굳히게 되었다. 그러자 주변에서 "왜 그냥 데리고 살지 않냐?"는 질문을 수차례 받았다. 나마타는 가게에 진열된 상품이 아니다. 나마타는 결코 누군가의 소유물이 아니며, 존엄하고 독립된 인격체이다. 그래서 제시카는 이 문제를 세상에 알리고 변화를 모색해야 한다고 결단했다. 이것은 아이의 인생이 걸린 문제이기 때문이다. 그녀는 이번 일로 인해 입양 기관이 변해야 하고, 정부도 부모들도 변해야 한다고 믿었다. 그렇게 나마타는 2016년 9월 아담과 함께 우간다의 가족에게로 돌아갔다.

유엔아동권리위원회는 협약의 일반원칙을 제시하고 있다. 제2조 비차별의 원칙, 제3조 아동 최상의 이익 원칙, 제6조 생명·생존·발달의 원칙, 제12조 아동견해존중과 참여의 원칙을 말한다. 이 중 제3조에 나오는 아동 최상의 이익은 다른 국제인권법에는 없는, 아동권리협약을 아동권리협약답게 만드는 핵심 원칙이다. 그리고 아동 최상의 이익은 유엔아동권리협약에 여러 번 등장한다. 그중 하나가 바로 입양과 관련된 제21조이다.

제21조 (입양)

입양제도를 인정하거나 허용하는 당사국은 아동 최상의 이익이 최우선적으로 고려되도록 보장해야 하며 또한,

1. 아동의 입양은 적용 가능한 법과 절차에 따라, 적절하고 신빙성 있

는 모든 정보에 기초해 오직 권한 있는 관계 당국에 의해서만 결정되어야 한다. 관계 당국은 부모나 친척, 법정대리인과 관련된 아동의 법적 신분 및 필요한 경우, 상담 등에 기초한 관계자들의 입양에 대한 동의가 있었는지 여부를 고려하여 입양을 허가하여야 한다.

2. 국외입양은 아동이 위탁가정이나 입양가정을 찾지 못했거나 또는 어떤 적절한 방법으로도 아동의 출신국에서 양육될 수 없는 경우, 아동 양육의 대안적 수단으로 고려될 수 있음을 인정해야 한다.

3. 국외로 입양된 아동도 국내입양 사례에 적용되는 안전보호 기준을 동등하게 향유할 것을 보장해야 한다.

4. 국외입양의 경우, 입양 알선이 관계자들에게 부당한 금전적 이익을 주는 결과가 되지 않도록 모든 적절한 조치를 취해야 한다.

5. 적절한 경우 양자 또는 다자간 약정이나 협정을 체결해 본 조항의 목적을 촉진시키며 이러한 체계 안에서 아동에 대한 해외에서의 입양알선이 관계 당국이나 기관에 의해 이루어지도록 노력해야 한다.

협약 제21조에 의해 살펴보면, 나마타의 입양 절차는 전반적으로 문제가 많다. 아동 최상의 이익을 최우선 하지 않았다. 적절하고 신빙성 있는 정보는 제공되지 않았고, 입양에 대한 동의와 허가를 비롯하여 관계 당국의 개입은 없었다. 국외입양은 최후의 수단임에도 우선 고려되었고, 입양 알선의 부당한 금전적 이익이 없어야 하는데, 입양기관에 수만 달러가 지급되었다.

제시카는 말한다.

"입양을 하지 말라고 이야기하지 않습니다. 단지 입양을 하려면 그들이 지녀야 할 무게에 대한 명확한 이해가 필요합니다. 이것은 왜곡된 의도나 이기심, 탐욕 없이 아동 최상의 이익을 위해 싸우기 전에는 결코 깨닫지 못할 것입니다. 그리고 때로는 그 아이가 당신에게 입양 오지 않는 것이 그 아이를 위한 최상의 이익이라는 것을 깨닫게 될 것입니다.[13]

어떤 이유로든 부모로부터 분리된 아동은 보호받아야 하고 그들의 권리가 보장되도록 최선의 조치를 취해야 한다. 이런 경우 아동에게 제공될 수 있는 가능한 대안양육 방안이 몇 가지 제시될 수 있다. 그래서 제20조에서 아동이 가정환경을 박탈당하거나 가정환경이 최선의 환경이 아닌 경우 위탁양육 등과 함께 입양을 제시한다. 하지만 제21조에서 입양은 아동 최상의 이익을 최우선으로 고려하고 보장하는 것을 전제로 함을 분명히 밝힌다. 입양은 불쌍한 아이를 구제한다는 동정의 마음이나 자기만족, 그리고 속도와 편리를 앞세운 행정편의로 이루어져서는 절대 안 된다.

아이를 입양하여 키우고자 하는 입양부모의 사랑과 헌신은 분명 숭고하다.

---

13 The 'orphan' I adopted from Uganda already had a family By Jessica Davis
https://edition.cnn.com/2017/10/13/opinions/adoption-uganda-opinion-davis/index.html (2019년 5월 19일 검색)

하지만 제시카의 이야기처럼 아동 최상의 이익의 관점으로 아이와 입양을 생각해보아야 한다. 유엔아동권리위원회는 입양과 관련하여 이런 권고를 한 적이 있다.

"입양은 아이에게 혜택을 주는 것으로 간주되곤 한다. 하지만 아동 최상의 이익은 입양을 가정에서 자랄 인간의 권리가 실현되는 것으로 관점을 변화시킨다. 즉, 입양이란 아동을 위해 가정을 찾는 것이지, 가정을 위해 아동을 찾는 것이 아니다."[14]

---

14 CRC/C/65/Add.8

✳생각해보기

유엔아동권리위원회는 국제입양을 가정
환경을 상실한 아동을 위한 최후의 수단이라고 밝히고 있다. 또한
협약 제20조는 아동의 인종·종교·문화·언어적 배경을 고려해야 함
을 명시하고 있다. 여러 가지 이유로 가정에서 성장할 수 없는 아동
을 위해 이러한 원칙을 정해둔 이유는 무엇일지 생각해 보자.

Tips

유엔아동권리협약을 근거로 국제입양에서 아동보
호를 위한 최소한의 실질적 요건을 규정하고 국제적 협력과 공조체
제를 확보하고 그에 따라 이루어진 입양의 국제적 승인을 보장하기
위해 국제사회는 국가 간 입양에 관한 아동보호와 협력에 대한 헤
이그 협약(Hague Convention on Protection of Children and Co-
operation in Respect of Intercountry Adoption)을 채택하였다.[15]
현재 미국 등을 비롯한 101개국이 협약을 비준하였으나 우리나라는

---

15 석광현(2009), 1993년 헤이그국제입양협약: 국제입양에 관한 아동보호 및 협력에 관한 헤이그협약,
國際私法硏究.

2013년 5월 서명만 하고, 아직 비준하지 않았다.

헤이그 국제아동입양협약의 주요 원칙[16]

- 입양은 아동의 가장 근본적인 권리를 존중하고 아동의 최선의 이익을 보장하기 위해서 이루어져야 합니다.
- 원 가정 보호가 원칙이며 원 가정 보호가 불가능할 경우 국내에서 보호할 수 있는 가정을 찾고 그래도 없으면 국제입양을 추진하는 순서로 아동 최선의 이익을 보장해야 합니다.
- 국가는 입양을 위해 행해질 수 있는 아동의 유괴, 인신매매를 방지해야 합니다.
- 아동 보호를 위해 국가 간 긴밀한 협조체계를 구축해야 합니다.
- 입양국의 입양 결정을 다른 체약국에서도 자동으로 인정해야 합니다.
- 협약을 이행하기 위한 권한 당국이 있어야 하며, 권한 당국은 중앙당국, 공공당국, 사법 또는 행정당국, 인가 단체를 둘 수 있습니다.

---

16 중앙입양원 웹사이트 https://www.kadoption.or.kr/adoption/adoption_hague.jsp (2019년 5월 26일 검색).

11월 20일

해마다 달력을 받으면 가족의 생일이나 기념일 같이 의미 있는 날을 찾아 동그라미를 치고는 한다. 그렇게 달력을 넘기다 11월을 펼치면, 자연스레 20일이 어떤 요일인지를 살피는 버릇이 생겼다. 2003년부터 시작된 습관이다.

11월 20일은 세계 아동의 날이다. 유엔은 1954년 12월 14일 836(IX) 결의안에 의거하여 11월 20일을 세계 아동의 날(Universal Children's Day)로 선포하고 모든 국가가 이날은 아동의 복지 증진과 아동에 대한 이해 증진을 촉진하기 위해 이날을 기념할 것을 권고하였다.[17]

또한 이날은 1959년에는 유엔아동권리선언(UN Declaration of the Rights of the Child)이 채택되었고, 1989년에는 유엔아동권리협약이 채택된 날이기도 하다.

---

17 https://www.un.org/en/events/childrenday/

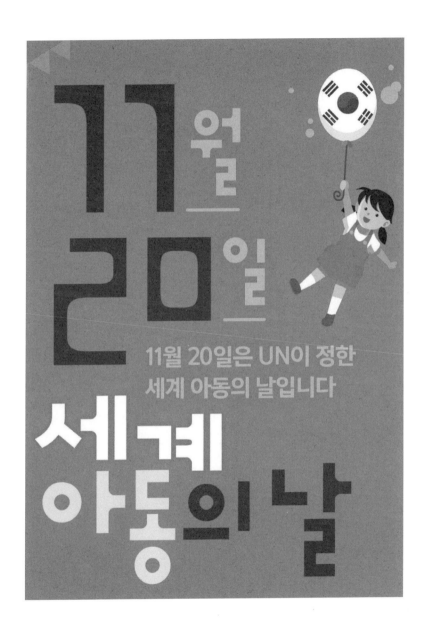

11월 20일은 UN이 정한
세계 아동의 날입니다

오랜 기간 동안 11월 20일은 아동의 날이었지만 우리나라에서 특별한 의미로 다가온 것은 2003년부터였다. 어떻게 하면 국내에서 아동권리협약의 의미를 대중에게 알리고, 정부의 책무성을 촉구하는 계기를 마련할지를 고민하다 세계 아동의 날인 11월 20일이 있는 주간을 '아동권리주간'으로 선포하기로 기획하였다. 그것이 2003년의 일이다.

아동권리주간 선포를 위해 아동권리 추진위원회를 구성하였다. 위원장은 우리나라에서 최초로 유엔아동권리위원회 위원으로 활동을 시작한 이양희 교수(성균관대학교)가 추대되었다. 추진위원으로는 강지원 검사, 박동은 유니세프한국위원회 사무총장, 이삼열 유네스코한국위원회 사무총장, 오재식 월드비전 회장 등이 함께하였고, 김인숙 세이브더칠드런 상임이사가 위원회의 사무국장을 맡아 실무를 담당하였다.

제1회 아동권리주간은 2003년 11월 17일 아동권리주간 선포식으로 시작되었다. 아동권리주간 선포식에는 지금은 고인이 되신 이희호 여사와 보건복지부 김화중 장관이 참석했다. 김 장관은 축사를 통해서 "아동권리주간을 선포하는 자리에 정부를 대표하여 참석하게 된 것을 매우 기쁘게 생각합니다. 우리나라는 그동안 보호를 필요로 하는 아동을 위해서는 정책을 적극적으로 펼쳐 왔으나, 아동의 권리 향상에 대한 관심은 상대적으로 부족했던 것이 사실입니다. 그런 가운데서도 아동의 권리가 지켜질 수 있도록 사회 곳곳에서 노력해주신 여기 모이신 많은 분들께 감사드립니다. 정부에서도 보건복지부가 주도하여 아동들의 건강한 삶과 권리 신장을 위하여 범정부차원의 정책을 적극 개발 시행할 것입니다." 하고 말했다.

2003년 대한민국에서 처음 시작된 아동권리주간은 지금도 그 명맥이 이어지고 있다. 오히려 이제는 아동인권단체 뿐 아니라 수많은 NGO와 지방자치단체들이 그날을 기념하기 위해 다채로운 행사를 기획하고 있다. 격세지감(隔世之感)이다. 행사를 기획하고 진행하는 곳은 많아졌는데, 그만큼 아동인권의 증진도 이루어졌는지를 생각하면 반성도 된다. 하지만 정조는 "아는 것과 행하는 것은 둘이 아니다."라고 말했다. 11월 20일의 의미를 알고 기념하는 일들이 증가하면 아동에 대해, 아동권리협약에 대해 알고 이를 실천하는 일들도 늘어나리라 기대한다. 매년 달력을 받으면 11월 20일에 동그라미를 치는 동료가 많아지길 소원한다.

✳생각해보기

유엔에서 지정한 세계 아동의 날은 11월 20일이고, 우리나라가 어린이날로 기념하는 날은 5월 5일이다. 이러한 기념일이 존재하는 이유는 무엇일까? 그리고 해마다 기념일이 되면 이날만 아동을 위하지 말고 1년 365일이 아동을 위하는 날이 되어야 한다는 이야기를 한다. 세계 아동의 날의 의미를 매일의 일상에서 실천하기 위해 필요한 것은 무엇일지 생각해 보자.

Tips

유엔에서 지정한 세계 아동의 날 외에도 아동을 위한 기념일을 별도로 지정한 국가들이 있다. 우리나라도 1923년부터 어린이날을 기념하여왔고, 중국·러시아·북한·폴란드 등 사회주의 국가들은 6월 1일을 국제아동절(International Children's Day)로 지정하였다. 많은 나라에서 이미 어린이날을 지정하였지만 국제사회는 아동들 간의 상호 교류와 이해 증진을 도모하고, 전 세계 모든 아동의 복지증진에 도움이 되는 행동을 촉진하기 위해 별도

의 기념일을 지정하였다. 즉 모든 국가가 아동의 더 나은 삶을 위해
함께 노력하자는 의미에서 11월 20일을 세계 아동의 날(Universal
Children's Day)로 지정하게 된 것이다. 이후 캐나다, 핀란드, 필리
핀 등에서는 11월 20일을 자국의 기념일로 지정하여 지키고 있다.

아동과 함께 일한다는 것

아동과 관련된 직업은 많다. 교사, 사회복지사, 청소년지도사, 상담사. 치료사, 의사, 간호사 등 일상에서 아동을 매일 만나는 직업도 있고, 건축가, 연구자, 예술가 등 경우에 따라 아동을 만나는 직업도 있다. 그런데 아동과 관련한 일을 할 때 우리는 아동을 위해 일한다고 마음먹을 때가 많다. 발달적 특성 등으로 인해 보호가 필요하고, 취약한 자로 생각되기에 아동과 관련한 일을 하는 성인들은 아동을 위해 무언가 베풀고 도움을 주어야 한다는 마음가짐을 갖게 된다.

그런데 이러한 마음가짐은 자칫 우리를 마치 말 잘 듣는 아이들에게 선물을 안겨주는 산타클로스나 모든 것을 알고, 통제하고자 하는 빅브라더가 되는 함정에 빠질 수 있다. 이런 함정에 빠지게 되는 가장 큰 이유는 아동이 어떤 존재인지에 대한 무감각 때문이다. 내가 대하는 상대방이 누구이냐에 따라 우리의 언행은 변화가 생긴다.

이 세상 모든 아동이 성인들에 비해 나이가 어리고 신체적으로 약한 것은 사실이나, 존재론적 관점에서 보면 아동 역시 성인과 동등한 존엄한 인격체이며, 권리의 주체자이다. 아동과 함께한다는 것은 아동을 나와 동일한 인격체라고 인정하는 것이다. 아동과 함께 일한다는 마음을 먹는 것은 중요하다. 그리고 이를 실천하는 일은 매우 중요하지만 그만큼 어렵다.

아동인권의 관점으로 아동과 관련한 일을 할 때는 아동을 위하는 마음에 아동과 함께하는 마음과 행동을 더 하는 것이 필요하다. 아동을 위해, 아동과 함께한다는 말은 아동권리협약의 핵심을 잘 녹여낸 표현이다. 비차별의 원칙, 아동 최상의 이익, 진화하는 능력도 결국 아동이 가진 주체성의 발현과 그들의 주체적 의사결정으로 인해 발생할 책임으로부터의 보호라는 언뜻 듣기에는 다소 모순된다고 느껴지는 표현의 실현을 의미한다.

그렇다면 아동을 위해 일하는 것과 아동과 함께 일하는 것의 차이는 무엇일까? 교육훈련에서 역할극을 통해 간접적으로 이를 체험해 본 참여자들은 그 차이를 다음과 같이 설명한다.

- 아동을 위해 일한다고 했을 때는 업무를 한다는 생각이 들지만 아동과 함께 일한다고 했을 때는 즐겁게 논다는 생각을 가지게 되었다.
- 활동을 진행하면서 아동의 욕구보다, 결과물이나 목적 달성을 이유로 아동의 의견이 왜곡되거나 변형됨을 체험하면서, 아동과 함께 일하는 것은 깊은 고민과 생각이 전제되어야 할 것 같다고 생각했다.
- 아동과 함께 일하면 이전에 전혀 생각지도 못한 부분을 발견하게 된다.

- 일을 진행함에 있어 아동의 의견이 조금씩 밀리는 경우들이 있다. 만약 아동이 그 자리에 없다면, 그 욕구가 제대로 반영 안 될 수도 있 겠다는 생각이 들었다.
- 아동을 위해 일하는 것이 의무이행자로서 나의 역할이라고 생각했 다. 아동과 함께 일하면서 아동을 권리주체자로 새롭게 인식하게 되 었다.

우리는 종종 이러한 표현을 한다.

"다 너를 위하는 거야. 선생님 말 들어서 손해 볼 것 있겠니? 내 아 이에게 제일 좋은 것은 부모인 내가 제일 잘 알아."

그러나 이러한 표현은 결국 진정 아동을 위해서가 아니라 아동을 위한다는 이름하에 결국 자신의 불안과 욕망을 투사하는 것임을 많 은 이들이 경험할 것이다. 이러한 일을 예방하기 위해서 우리는 아 동과 함께해야 한다. 아동과 함께하면 관점이 달라진다. '아동을 위 한다'라고 했을 때는 성인의 시점에서 아동을 보게 되지만, '아동과 함께' 하면 아동의 시점으로 세상을 보게 된다. 즉 아동을 위해, 아동 과 함께하는 것은 성인과 아동 모두의 시점을 담아내는, 일종의 전 지적 시점에 도달하는 것이다.

아동을 위해 일하는 것은 아동 위에 있는 것이 되어서는 안 된다.

✽생각해보기

　　　　　　아동참여와 관련하여 대표적인 이론은 하트(Hart)의 사다리 모델이다. 하트의 사다리 모델에서 가장 높은 수준의 아동참여는 '아동이 주도하지만 성인과 의사결정을 공유하는 것'이고, 그보다 한 수준 낮은 아동참여는 '아동이 주도하고 지시하는 것'으로 제시된다. 아동이 모든 것을 주도하는 것이 아니라 성인과 함께 의사결정을 공유하는 것이 가장 높은 수준의 참여로 제시된 이유는 무엇일까? 성인이 의사결정을 아동과 함께하기 위해 필요한 준비는 어떤 것이 있을지 생각해 보자.

Tips

　　　아동의 의견을 존중하기 위해 필요한 기본 요건[18]

・ **투명성과 정보 제공:** 아동의 의견 표현과 참여의 권리, 참여의 절차와 방

18　국제아동인권센터(2017), 일반논평 12호, '아동의 의견이 청취되어야 할 권리' 중 일부 발췌 및 수정.

법, 범위와 목적 및 잠재적인 영향에 대한 정보가 제공되어야 하며, 이러한 정보는 연령 및 다양성에 적합해야 한다

- **자발성:** 아동은 의견 표현을 강요받아서는 아니 되며, 언제라도 참여를 그만둘 수 있음을 알아야 한다.

- **존중:** 아동의 의견은 존중받아야 하며, 아동에게는 생각을 하고 활동을 시작할 수 있는 기회가 주어져야 한다. 아동과 함께 일하는 성인은 아동의 사회경제적, 환경적, 문화적 배경을 이해하며 가정, 학교, 문화 및 업무 환경에 아동참여가 기여한 모범사례를 존중하며 이를 기반으로 삼아야 한다.

- **관련성:** 아동의 의사 표현은 자신의 삶과 관련이 있어야 하며 아동이 자신의 지식, 기술 및 능력을 활용할 수 있어야 한다.

- **아동 친화:** 아동의 연령과 진화하는 능력에 따라 적절한 시간과 자원을 제공하여, 아동이 충분히 준비되고 자신의 의사를 공유할 자신감과 기회를 갖도록 해야 한다.

- **포괄성:** 참여의 기회는 성별 등에 따른 차별 없이 제공해야 한다. 아동은 하나의 동일한 집단이 아니기에 다양한 특성을 지닌 아동 모두에게 평등한 기회가 제공될 수 있게 고려되어야 한다.

- **훈련을 통한 지원:** 성인은 아동의 참여를 효과적으로 촉진하기 위해 경청 기술, 아동과 합동으로 일하는 방법 등, 아동은 자신의 권리를 인식하고 참여할 수 있는 능력, 회의 조직, 기금 조성, 대중매체 대처법, 연설 및 옹호와 같은 능력을 배양해야 한다.

- **안전성과 위험 민감성:** 특정 상황에서 의견을 표명하는 것은 위험을 동반할 수 있다. 성인은 함께 일하는 아동에 대한 책임감을 가져야 하며, 폭력, 착취 등 아동이 참여함으로써 생길 수 있는 위험을 최소화하기 위해 모든 예방책을 강구해야 한다. 아동은 위험으로부터 보호받을 권리와 필요시 도움을 요청할 곳을 알고 있어야 한다.

- **책무성:** 후속 조치를 마련하고 사후 평가를 하는 것은 매우 중요하다. 아동은 본인의 참여가 어떤 영향을 미쳤는지에 대한 명확한 피드백을 제공받을 권리가 있다. 적절한 경우 참여했던 아동들과 함께 아동의 참여에 대한 모니터링과 평가를 해야 한다.

아동인권을 옹호하기 위한 준비

1950년 초반, 한국전쟁이 휩쓸고 간 폐허 위에서 시작된 한국의 아동복지는 구호와 원조를 기반으로 시작되었고, 아동과 관련된 기관이나 단체, 전문가는 주로 취약한 아동을 위한 사업에 집중해왔다. 그런 과정에서 아동은 수동적이고 의존적인 존재, 도움이 필요한 존재로 여겨졌으며, 일방적 도움을 제공하던 자선적 접근(Charity-based approach)이나 중재의 대상으로 여겨, 성인(전문가)이 아동에게 필요한 판단을 하게 되는 필요적 접근(Needs-based approach)이 주로 일하던 방식이었다.

유엔아동권리협약이 채택된 이래로 유니세프, 세이브더칠드런을 비롯하여 대부분의 국제기구와 NGO는 아동을 권리주체자로 인정하고, 그들을 위한 일을 그들과 함께하기 위한 방법을 모색해 오고 있다. 아동은 발달적 특수성으로 인하여 스스로의 권리를 청구하고 실현하는데 제약과 제한이 있을 수 있다. 이러한 제한과 제약을 극복하고 해소하기 위해서 정부나 관련 기관은 물론 보호자를 포함한 성인들까지 의무이행자로서의 역할이 매우 중요하다. 대부분의 국가가 그러하듯이 아동과 관련된 의제는 뒤로 밀려난다. 후순위에 밀려있는 아동과 관련된 사안들을 앞으로 이동시키는 일, 아동인권의 증진을 위해 힘의 관계를 변화시키기 위한 일련의 과정을 아동인권 옹호라고 한다.

최근 우리 사회에서 '옹호(Advocacy)'가 활발히 논의되고 있다. 옹호는 아동권리를 존중, 보호, 실현함에 있어 매우 중요한 요소다. 국제아동인권센터는 설립된 이후 바로 아동인권 옹호를 위한 연구 및 교육훈련 과정 개발에 착수했고, 2013년부터 아동인권 옹호전문가(Child Rights Advocate: CRA)과정을 운영하여 현재까지 아동인권 옹호역량 강화 및 네트워킹을 도모하고 있다. 그러다 보니 여러 NGO가 옹호를 담당하는 팀이나 부서를 조직하고, 관련 업무의 전문성을 확보하기 위한 노력의 과정에 직·간접적으로 관여하게 되었다. 이 과정에서 생각하게 된 두 가지를 아동인권을 옹호하기 위해 준비하는 동료들과 나누고 싶다.

첫째, 아동권리협약 및 이행과정에 대한 연구와 참여

아동인권을 위해 국제적으로 가장 중요한 문서는 아동권리협약이다. 따라서 협약의 내용과 의미, 정신을 이해하기 위한 노력은 아동인권 옹호에 있어 필수이다. 협약 해석에 대한 이해를 돕기 위해서는 위원회가 발간한 일반논평 등을 검토하는 것도 좋은 방법이다.

또한 협약을 비준한 당사국은 정기적으로 유엔아동권리위원회에 국가보고서를 제출해야 하며, 이 과정에서 NGO보고서 및 아동보고서도 제출된다. 그리고 사전심의와 심의를 거쳐 위원회의 최종견해 (Concluding Observation)가 채택된다. 이 과정에서 제출되고 작성된 모든 문서는 해당 국가의 아동인권 상황을 가장 포괄적이면서도 정확하게 알려주는 근거이다. 아동인권 옹호사업을 추진하기 위해서 심의 과정에 직접 참여하거나 심의에서 생산된 문건을 검토하는 것이 필요하다.

둘째, 목적의 변화

아동인권을 옹호하기 위한 사업이나 활동은 그 목표나 평가에 있어 기존과는 다른 변화가 요구된다. 자선적 접근이나 필요적 접근으로 진행되던 사업의 방식을 동일하게 적용하는 것은 언어적 표현만 바뀔 뿐 실질적 사업방식과 업무관점의 변화를 도출하기에는 한계가 있다. 예컨대, 처음 아동인권 옹호활동을 하는 경우에는 주로 아동참여 사업이나 아동인권 교육사업을 아동인권 옹호사업과 동일하게 인식할 수 있다.

그러나 모든 아동참여 사업이나 아동인권 교육사업이 아동인권 옹호사업이 되는 것은 아니다. 아이들이 한자리에 모여 토론을 하고, 발표를 하고, 거리를 행진하는 것은 옹호를 위한 활동일 뿐, 그 활동을 통해 대중의 인식, 법과 제도, 권력자들의 의사결정 등에 영향을 미치기 위한 활동일 때 비로소 아동인권 옹호사업이 되는 것이다. 유사한 형태의 사업이나 활동을 하더라도 그 목적을 무엇에 두느냐가 중요하다.

셋째, 관점의 변화

아동인권을 옹호한다는 것은 성인 중심으로 작동하고 있는 세상에서 아동을 우선적으로 고려하고 아동에게 발생하거나 발생할 인권침해 사안을 예방하고, 근절하기 위한 계획적이고 적극적인 행동을 수반한다. 따라서 아동을 바라보고 대하는 관점, 아동이 경험하는 인권 이슈를 대하는 관점, 그리고 즉각적이고 단기적인 것이 아니라 근본적이고 구조적인 관점으로 해결방안을 모색하는 등 관점의 변화가 필요하다.

이러한 변화를 통해, 학생으로 인해 힘들어하는 교사가 문제 아이는 없고 문제 상황이 있을 뿐이라는 관점의 변화를 경험한 뒤 관계 회복을 하게 하고, 초등학교 1~2학년 아동들이 횡단보도 앞에서 보여주는 직진 본능을 멈추라고만 할 수 없기에 운전자의 눈에도 잘 띄고, 머물고 싶은 공간을 확보하기 위한 옐로카펫 같은 아이디어를 찾아내도록 돕는다.

✳생각해보기

아동인권 옹호가 준비도 체크리스트[19]

당신은 아동권리 옹호를 하기 위해 얼마나 준비가 되어 있습니까?

아래의 체크리스트를 통해 '아동권리옹호가'로서 준비된 나의 모습을 확인해보세요.

1. 다른 무엇보다 아동을 중요하게 생각하고, 아동의 관점에서 문제를 인식하려 하는가?

☐ 그렇다　☐ 아니다　☐ 잘 모르겠다

2. 남들은 무심코 지나치는 일들에 대해 '왜'라고 이의를 제기하는가?

☐ 그렇다　☐ 아니다　☐ 잘 모르겠다

---

19 본 체크리스트는 국제아동인권센터가 초록우산 어린이재단의 요청으로 집필한 아동권리옹호활동 가이드북에 수록된 내용을 발췌하였음을 알려드립니다.

3. 아동과 관련된 사회적 이슈에 대해 근본(구조적) 원인을 찾고자 고민하는
   가?

   ☐ 그렇다   ☐ 아니다   ☐ 잘 모르겠다

4. 문제를 긍정적으로 해결하려는 적극적인 의지가 있는가?

   ☐ 그렇다   ☐ 아니다   ☐ 잘 모르겠다

5. 문제해결을 위해 함께할 수 있는 기관, 단체, 전문가 등과의 연대와 협력
   을 진행할 수 있는가?

   ☐ 그렇다   ☐ 아니다   ☐ 잘 모르겠다

6. 아동의 특성에 적합한 방법을 통해 그들의 생각을 경청하고, 의미 있게 반영
   하고자 노력하는가?

   ☐ 그렇다   ☐ 아니다   ☐ 잘 모르겠다

7. 문제해결의 책무성을 지닌 이해관계자(의무이행자)를 식별할 수 있는가?

   ☐ 그렇다   ☐ 아니다   ☐ 잘 모르겠다

8. 아동권리에 대한 전문성을 갖추려고 노력하는가?

   (아동권리협약을 비롯한 국내외 관련 법 및 전문지식 등)

   ☐ 그렇다   ☐ 아니다   ☐ 잘 모르겠다

9. 모든 과정에서 동료들과 진솔하게 대화할 준비가 되어 있는가?

☐ 그렇다　☐ 아니다　☐ 잘 모르겠다

10. 모든 과정에 포함되는 이들, 비록 그들이 아동권리 침해자라 할지라도, 그들의 인권을 존중할 준비가 되어 있는가?

☐ 그렇다　☐ 아니다　☐ 잘 모르겠다

▶ 5개 이상이 '그렇다'라고 나왔다면, 당신은 아동권리 옹호활동을 하기 위한 준비가 되었습니다. 지금 바로 시작해보세요.

유엔인권교육훈련선언

유엔 인권교육훈련선언 [20]

(United Nations Declaration on Human Rights Education and Training)

제1조

1. 모든 사람은 모든 인권과 기본적 자유에 관한 정보를 알고, 찾고, 받을 권리가 있으며 인권교육훈련에 접근할 수 있어야 한다.

2. 인권교육훈련은 인권의 보편성, 불가분성 및 상호의존의 원칙에 따라 모든 인권과 모두를 위한 기본적 자유의 보편적 존중과 준수를 촉진하기 위해 필수적이다.

3. 모든 인권, 특히 교육 및 정보접근권의 효과적 향유는 인권교육훈련의 접근을 용이하게 한다.

제2조

1. 인권교육훈련은 모든 인권과 기본적 자유의 보편적 존중과 준수를 증진하기 위한 모든 교육, 훈련, 정보, 인식증진 및 학습 활동으로 구성되며, 그중에서도 특히 지식, 기술 및 이해를 제공하고 그들의 태도와 행동을 성장시킴으로 인권 침해와 학대를 예방하고 보편적 인권문화의 구축과 증진에 기여할 수 있도록 그들의 역량을 강화한다.

---

20 본 유엔인권교육훈련선언 국문 번역본은 선언문에 대한 이해를 돕고 아동인권 옹호전문가(CRA)과정 등 교육에 활용하기 위해 국제아동인권센터에서 번역한 버전입니다.

2. 인권교육훈련은 다음을 포함한다:

    (a) 인권 규범과 원칙, 이를 지지하는 가치와 보호를 위한 메커니즘에 대한 지식과 이해를 제공하는 인권에 관한 교육(Education About Human Rights);

    (b) 교육자와 학습자 모두의 권리를 존중하는 방식으로 학습하고 가르치는 것을 포함하는 인권을 통한 교육(Education Through Human Rights);

    (C) 사람들이 자신의 권리를 향유하고 행사할 권한을 부여하고, 타인의 권리를 존중하고 지지하는 것을 포함하는 인권을 위한 교육(Education For Human Rights).

제3조

1. 인권교육훈련은 모든 연령대에 영향을 미치는 일생의 과정이다.

2. 인권교육훈련은 유아, 초등, 중등, 고등 교육과 해당되는 경우 학문의 자유를 고려하여 공립, 사립, 정규, 비정규, 비형식적 형태를 포함한 모든 형태의 교육, 훈련 및 학습을 포함한 모든 수준에서 사회의 모든 부분에 영향을 미친다. 인권교육훈련은 특히 강사(trainers), 교사, 공무원를 위한 훈련, 평생 교육, 대중 교육, 공공 정보와 인식 활동과 직업 훈련을 포함한다.

3. 인권교육훈련은 대상 집단의 특정한 요구와 조건을 고려하여 그들에게 적합한 언어와 방법을 사용해야 한다.

제4조

인권교육훈련은 다음의 목적을 위해 세계인권선언과 관련 국제인권조약 및 문서 등의 인권원칙에 기반하여 이루어져야 한다.

(a) 인권과 기본적 자유의 보호를 위한 국제, 지역 및 국가 차원의 보편적 인권 기준과 원칙에 대한 수용, 이해, 인식 증진;

(b) 모든 사람이 타인의 권리와 관련된 자신의 권리와 책임을 인식하고, 자유롭고 평화롭고 다양성을 존중하고 포용적인 사회의 책임 있는 구성원으로서 개인의 발전을 촉진하는 보편적 인권문화 발전;

(c) 모든 인권을 효과적으로 실현하고, 관용, 비차별, 평등을 촉진;

(d) 어떠한 차별도 없는 양질의 인권교육훈련에 접근할 수 있는 평등한 기회 보장;

(e) 인권침해와 학대 예방 및 모든 형태의 차별, 인종주의, 고정관념과 증오에 대한 선동, 그리고 그 기저에 깔린 유해한 태도와 편견의 근절과 퇴치에 기여.

제5조

1. 인권교육훈련은 공공 또는 민간에서의 제공 여부와 관계없이 평등의 원칙, 특히 소녀와 소년, 여성과 남성 간의 평등, 인간의 존엄성, 포용과 비차별의 원칙을 기반해야 한다.

2. 인권교육훈련은 모든 사람이 접근 가능하고 이용 가능해야 하며,

장애인을 포함한 취약하고 불리한 상황에 놓인 사람들이 직면한 특정한 도전과 장벽 그리고 그들의 요구와 기대를 고려해야 하며, 권한부여와 인간개발을 촉진하고 모든 사람들이 모든 권리를 행사할 수 있게 할 뿐 아니라 배제 또는 사회에서의 소외의 원인을 제거하는데 기여해야 한다.

3. 인권교육훈련은 인권의 보편성을 반영해야 하기에 여러 나라의 문명, 종교, 문화 및 전통의 다양성에서 영감을 얻을 뿐 아니라 이를 포용하고, 강화해야 한다.

4. 인권교육훈련은 경제적, 사회적, 문화적으로 다른 상황들을 고려해야 하며, 모든 사람들을 위한 모든 인권의 실현이라는 공동목표의 소유권(ownership)을 장려하기 위한 지역계획을 촉진해야 한다.

제6조

1. 인권교육훈련은 모든 인권과 기본적 자유를 증진하기 위해 새로운 정보·통신기술과 미디어를 이용하고 활용해야 한다.

2. 예술은 인권분야에서의 훈련과 인식증진의 수단으로 권장되어야 한다.

제7조

1. 당사국 및 관련 정부 당국은 참여, 포용, 책임 정신으로 개발되고 실행되는 인권교육훈련을 증진하고 보장하는 일차적 책임을 갖는다.

2. 당사국은 시민사회, 민간 부문 및 기타 인권교육훈련과 관련된 이해관계자의 참여를 위한 안전하고 실행 가능한 환경을 조성해야 하며, 이 과정에 참여한 사람들을 포함하여 모두의 인권과 기본적 자유가 완전히 보호되어야 한다.

3. 당사국은 입법 및 행정조치, 정책의 채택을 포함한 적절한 수단을 통해 인권교육훈련의 점진적 이행을 위한 이용 가능한 자원의 최대한도를 확보하기 위해 개별적으로 그리고 국제원조와 협력을 통한 조치를 취해야 한다.

4. 당사국 및 관련 정부 당국은 공무원, 판사, 법 집행 공무원 및 군인뿐 아니라 교사, 강사, 기타 교육자 및 국가를 대신하여 활동하는 민간 인력에 대한 충분한 인권교육을 보장해야 하며, 인권 및 적절한 경우 국제 인도법, 국제 형사법에 대한 충분한 훈련을 보장해야 한다.

제8조

1. 당사국은 적절한 수준에서 전략과 정책 그리고 적절한 경우 학교 교육과정에 인권교육훈련의 커리큘럼을 통합하는 등 인권교육훈련을 실행하기 위한 행동계획과 프로그램을 개발하거나 개발을 촉구해야 한다. 이러한 경우 당사국은 세계인권교육프로그램과 구체적인 국가와 지역사회의 필요와 우선순위를 고려해야 한다.

2. 이러한 전략, 행동계획, 정책 및 프로그램의 수립, 실행 및 평가와

후속 조치에는 민간부문, 시민사회, 국가인권기구를 포함한 관련된 모든 이해관계자가, 적절한 경우 다중 이해관계자 운동(multi-stakeholder initiatives)을 촉진함으로써 참여해야 한다.

제9조

당사국은 인권 증진 및 보호를 위한 국가인권기구의 지위에 관한 원칙(이하 '파리원칙')에 따라 효과적이고 독립적인 국가인권기구의 설립, 발전 및 강화를 촉진하여야 하며, 관련된 공공 및 민간 행위의 인식을 증진하고, 동원하여 인권교육훈련을 촉진하기 위해 필요한 역할을 포함하여 국가인권기구가 중요한 역할을 할 수 있음을 인식해야 한다.

제10조

1. 비정부 기구, 인권옹호가, 민간 부문을 비롯한 교육 기관, 미디어, 가족, 지역 사회, 시민사회단체 등 사회 내의 다양한 행위자는 인권교육훈련을 제공하고 촉진하는데 중요한 역할을 담당한다.

2. 시민사회단체, 민간부문 및 기타 관련 이해관계자는 해당 기관에 소속된 직원들에게 충분한 인권교육훈련을 보장할 것을 권장한다.

제11조

유엔과 국제 및 지역기구들은 그들의 명령에 의한 임무를 수행하는 군무원과 군인, 경찰 요원에게 인권교육훈련을 제공해야 한다.

제12조

1. 모든 수준에서의 국제협력은 인권교육훈련을 이행하기 위한 국가적 노력, 해당되는 경우 지역사회 수준을 포함한 노력을 지지하고 강화해야 한다.
2. 국제적, 지역적, 국가적, 그리고 지역사회 수준에서 보완적이고 조정된 노력은 인권교육훈련의 보다 효과적 이행에 기여할 수 있다.
3. 인권교육훈련 분야의 프로젝트와 계획에 대한 자발적 재원 조달은 권장되어야 한다.

제13조

1. 국제 및 지역 인권기구는 각각의 권한 내에서 인권교육훈련을 자체 업무로 고려해야한다.
2. 당사국은 적절한 경우, 인권교육훈련 분야에서 채택된 조치에 관한 정보를 관련된 인권 메커니즘에 대한 보고서에 포함시킬 것을 권장한다.

제14조

당사국은 본 선언에 대한 효과적인 이행과 후속 조치를 보장하고 이와 관련하여 필요한 자원을 이용할 수 있도록 적절한 조치를 취해야 한다.

유엔아동권리협약

1989년 11월 20일 유엔총회에서 채택, 1990년 10월 2일부터 국제법으로서 효력 발생

전문(Preamble)

본 협약의 당사국은,

유엔헌장에서 선언된 원칙에 따라, 인류의 모든 구성원의 타고난 존엄성과 평등하고 양도할 수 없는 권리를 인정하는 것이 세계의 자유, 정의 및 평화의 기초가 됨을 고려하며,

유엔 체제하의 모든 사람의 기본적 인권과 인간의 존엄성 및 가치에 대한 신념을 유엔헌장에서 재확인하고, 충분한 자유 안에서 사회발전과 생활수준 향상을 촉진하기로 결의했음을 유념하고,

---

21 본 유엔아동권리협약 국문본은 협약에 대한 이해를 돕기 위해 국제아동인권센터에서 재번역하였습니다('18.8-12. 제작)

유엔이 세계인권선언과 국제인권규약을 통해 모든 사람은 인종, 피부색, 성별, 언어, 종교, 정치적 견해 또는 기타 의견, 민족적 사회적 출신, 재산, 태생 또는 기타 신분 등 어떠한 종류의 차별 없이, 위 선언 및 규약에 명시된 모든 권리와 자유를 누릴 수 있음을 선언하고 동의했음을 인정하며,

유엔은 아동기에 특별한 보호와 돌봄을 받을 권리가 있음을 주창한 세계인권선언을 상기하고,

가정은 사회의 기본적인 집단이며 모든 구성원, 특히 아동의 발달과 웰빙(well-being)[22]을 위한 본질적인 환경으로서, 공동체 안에서 본연의 책임을 다할 수 있도록 필요한 보호와 지원을 받아야 함을 확신하며,

온전하고 조화로운 인격 발달을 위해 아동은 가정환경과 행복, 사랑과 이해 속에서 성장해야 함을 인정하고,

---

22 웰빙(well-being)이란, 사전적 의미로는 정신적, 육체적인 건강과 행복, 복지와 안녕을 의미하고, 사회적 의미로는 물질적 부가 아니라 삶의 질을 강조하는 생활 방식을 가리킨다. 본 번역본에서 웰빙은 고유명사의 의미로 웰빙(well-being)으로 표기하며, 문맥에 따라 '행복', '안녕', '복지'의 의미로 해석한다.

아동은 사회에서 한 개인으로서 삶을 살아가기 위해 충분히 준비되어야 하며, 유엔헌장이 선언한 평화 존엄 관용 자유 평등 연대의 정신 속에서 양육 받아야 함을 고려하며,

아동에 대한 특별한 보호를 확대해야 할 필요성은 1924년 아동권리에 관한 제네바선언과 1959년 11월 20일 유엔총회가 채택한 아동권리선언에 명시되어 있으며, 세계인권선언, 시민적·정치적 권리에 관한 국제규약(특히 제23조 및 제24조), 경제적 사회적 문화적 권리에 관한 국제규약(특히 제10조), 그리고 아동복지와 관련된 전문기구와 국제기구의 규정 및 관련문서에서 인정되었음을 명심하고,

아동권리선언이 명시하는 바와 같이, "아동은 신체적 정신적으로 미성숙하므로 출생 전후 모두 적절한 법적 보호를 비롯해 특별한 보호와 돌봄이 필요하다"는 점에 유념하며,

국내외 가정위탁과 입양문제를 명시한 '아동의 보호와 복지에 관한 사회적 법적 원칙에 관한 선언', '소년사법 운영에 관한 유엔최저기준규칙(베이징규칙)' 및 '비상시 및 무력 충돌 상황에서 여성과 아동의 보호에 관한 선언'이 제시하는 규정들을 상기하고, 세계의 모든 국가에는 특히 더 어려운 상황에서 생활하는 아동이 있으며, 이 아동을 특별히 고려할 필요가 있음을 인정하고,

아동보호와 아동의 조화로운 발달을 위해 각 민족의 전통과 문화적 가치의 중요성을 충분히 고려하고, 모든 국가, 특히 개발도상국 아동의 생활여건 향상을 위한 국제협력의 중요성을 인정하며,

다음과 같이 합의하였다.

제1부(실질적 규정)

제1조 (아동의 정의)

당사국의 법에 따라 성년에 이르는 연령이 더 빠르지 않은 한, 협약이 정하는 아동은 만 18세 미만의 모든 사람을 말한다.

제2조 (비차별)

① 당사국은 아동이나 그 부모, 법정대리인의 인종, 피부색, 성, 언어, 종교, 정치적 견해 또는 기타 의견, 민족적·인종적·사회적 출신, 재산, 장애, 태생, 신분 등의 차별 없이 본 협약에 규정된 권리를 존중하고, 모든 아동에게 이를 보장해야 한다.

② 당사국은 아동이 부모나 법정대리인 또는 다른 가족의 신분과 활동, 표명된 의견이나 신념을 이유로 모든 형태의 차별이나 처벌을

받지 않도록 모든 적절한 조치를 취해야 한다.

제3조 (아동 최상의 이익)

① 공공·민간 사회복지기관, 법원, 행정당국, 입법기관 등은 아동에 관한 모든 활동에 있어, 아동 최상의 이익을 최우선적으로 고려해야 한다.

② 당사국은 아동의 부모, 법정대리인 및 기타 아동에 대해 법적 책임이 있는 자의 권리와 의무를 고려하여 아동의 웰빙에 필요한 보호와 돌봄을 보장하고, 이를 위해 모든 적절한 입법적·행정적 조치를 취해야 한다.

③ 당사국은 아동 보호나 돌봄에 책임이 있는 기관, 사업 및 시설이 주무관청이 설정한 적정한 직원 수 및 숙련된 관리와 관련된 기준을 준수하도록 보장해야 한다. 특히 안전, 보건분야에서 보장되어야 한다.

제4조 (권리 이행을 위한 국가의 의무)

당사국은 이 협약이 명시한 권리의 이행을 위해 모든 적절한 입법적·행정적, 기타 조치를 취해야 한다. 경제적 사회적 및 문화적 권리 보장을 위해 당사국은 가능한 모든 자원을 활용해야 하며, 필요한 경우 이를 국제협력의 관점에서 시행해야 한다.

제5조 (아동의 진화하는 능력에 따른 보호자의 적절한 지도)

당사국은 아동이 본 협약이 명시한 권리를 행사함에 있어 부모 또는, 현지관습에 의한 확대가족, 공동체 구성원, 법정대리인이나 기타 아동에 대한 법적 책임이 있는 사람들이 아동의 진화하는 능력에 맞는 적절한 지도와 감독을 제공할 책임과 권리 및 의무가 있음을 존중해야 한다.

제6조 (생명·생존·발달)

① 당사국은 모든 아동이 생명에 관한 고유의 권리를 가지고 있음을 인정한다.

② 당사국은 아동의 생존과 발달을 최대한 보장해야 한다.

제7조 (출생등록·성명·국적 및 부모에 대해 아는 것)

① 아동은 태어난 즉시 출생등록되어야 하며, 출생 시부터 이름을 갖고, 국적을 취득하며, 가능한 한 부모를 알고, 부모에게 양육 받을 권리가 있다.

② 당사국은 국내법 및 이 분야의 관련 국제규범에 따른 의무에 근거하여, 특히 무국적 아동을 포함한 모든 아동의 권리 이행을 보장해야 한다.

제8조 (신분의 보존)

① 당사국은 불법적 간섭없이 법에 따라 인정되는 국적, 이름 및 가족 관계를 비롯해 아동이 신분을 보존 받을 수 있는 권리를 존중해야 한다.

② 아동이 자신의 신원 중 일부나 전부를 불법적으로 박탈당한 경우, 당사국은 해당 아동의 신원을 신속하게 회복하기 위해 적절한 지원과 보호를 제공해야 한다.

제9조 (부모로부터의 분리)

① 당사국은 법과 절차에 따라 사법당국이 부모와의 분리가 아동에게 최상의 이익이 된다고 결정한 경우 외에는 아동이 자신의 의사에 반해 부모와 분리되지 않도록 보장해야 한다. 이러한 결정은 부모에 의한 아동학대나 방임, 부모의 별거로 인한 아동의 거취 결정 등과 같이 특별한 경우에 필요할 수 있다.

② 본 조 제1항의 규정을 시행하는 모든 절차에 있어 모든 이해당사자는 절차에 참여하여 자신의 견해를 표명할 기회를 가져야 한다.

③ 당사국은 아동의 이익에 반하는 경우 외에는 부모 중 한 명 또는 부모 모두로부터 분리된 아동이 정기적으로 부모 모두와 개인적인 관계를 갖고 만남을 유지할 권리를 존중해야 한다.

④ 아동이 부모 중 한 명, 부모 모두 또는 아동 자신의 구금, 투옥, 망명, 강제 추방, 사망(당사국이 억류하고 있는 동안 어떠한 원인에

기인한 사망을 포함) 등과 같이 당사국이 취한 조치로 인해 부모로부터 분리된 경우, 당사국에 대한 정보제공 요청이 아동의 웰빙에 해롭지 않다고 판단될 때 부모, 아동 또는 적절한 경우 다른 가족구성원에게 부재중인 가족의 소재에 관한 필수정보를 제공해야 한다. 또한 당사국은 이러한 정보제공이 관련된 사람에게 불리한 결과를 초래하지 않도록 보장해야 한다.

제10조 (가족과의 재결합)

① 제9조 제1항에 규정된 당사국의 의무에 따라, 가족 재결합을 위해 아동이나 그 부모가 당사국에 입국 또는 출국 신청을 했을 경우 당사국은 이를 긍정적이며 인도적인 방법으로 신속히 처리해야 한다. 또한 이러한 제안이 신청자와 그 가족구성원에게 불리한 결과를 초래하지 않도록 보장해야 한다.

② 부모가 다른 나라에 거주하는 아동은 예외적인 상황 외에는 정기적으로 부모와 개인적 관계를 갖고 만남을 유지할 권리가 있다. 이 목적을 위해, 협약 제9조 제1항에 규정된 당사국의 의무에 따라 당사국은 아동과 그 부모가 본국을 비롯한 모든 국가로부터 출국할 수 있는 권리를 존중해야 하며, 본국으로 입국할 수 있는 권리 또한 존중해야 한다. 어떤 국가로 출국할 수 있는 권리는 국가안보와 공공질서, 공중보건, 도덕 및 타인의 권리와 자유를 보호하기 위해 필요한 경우에 오직 법률에 의해서만 제한되어야 하며,

본 협약에서 인정하는 다른 권리들과 부합하여야 한다.

제11조 (아동의 불법 해외 이송 금지)

① 당사국은 아동이 불법으로 해외 이송되거나 본국으로 돌아오지
못하는 상황을 방지하기 위한 조치를 취해야 한다.

② 이 목적을 위해 당사국은 양자 또는 다자간 협정을 체결하거나
기존 협정의 가입을 추진해야 한다.

제12조 (아동의 견해 존중)

① 당사국은 자신의 견해를 형성할 능력이 있는 아동에 대하여 본인
에게 영향을 미치는 모든 문제에 있어서 자신의 견해를 자유롭게
표현할 권리를 보장하며, 아동의 견해에는 아동의 연령과 성숙도
에 따른 정당한 비중이 부여되어야 한다.

② 이러한 목적을 위하여 아동에게는 자신에게 영향을 미치는 어떠
한 사법적·행정적 절차에서도 직접 또는 대리인이나 적절한 기관
을 통하여 진술할 기회가 국내법적 절차에 합치되는 방법으로 제
공되어야 한다.

제13조 (표현의 자유)

① 아동은 표현의 자유에 대한 권리를 가진다. 이 권리는 말이나 글,
예술의 형태 또는 아동이 선택하는 다양한 매체를 통해 모든 정보

와 사상을 국경에 관계없이 탐색하고 주고받을 수 있는 자유를 포함한다.

② 이 권리의 행사는 다음의 사항을 위해 필요한 경우에 한하여 법률로서 제한할 수 있다.

1. 타인의 권리 또는 명예 존중

2. 국가안보, 공공질서, 공중보건, 도덕의 보호

제14조 (사상 양심 및 종교의 자유)

① 당사국은 아동의 사상 양심 및 종교의 자유에 대한 권리를 존중해야 한다.

② 당사국은 아동이 이러한 권리를 행사함에 있어 부모나 법정대리인이 아동의 진화하는 능력에 맞는 방식으로 아동을 지도할 권리와 의무를 존중해야 한다.

③ 종교와 신념을 표현하는 자유는 공공의 안전, 질서, 보건이나 도덕 또는 타인의 기본권 및 자유를 보호하기 위하여 필요한 경우에 한하여 법률로써 제한할 수 있다.

제15조 (결사 및 집회의 자유)

① 당사국은 아동의 결사의 자유와 평화적 집회의 자유에 대한 권리를 인정한다.

② 이 권리의 행사는 민주사회에서 국가안보, 공공안전, 공공질서,

공중보건의 이익 또는 타인의 권리와 자유의 보호에 필요한 경우
에 한하여 법률에 규정된 것 이외 어떠한 것도 제한할 수 없다.

제16조 (사생활 보호)

① 아동은 그 누구라도 사생활, 가족, 가정, 통신에 대해 자의적이거
나 불법적으로 간섭받지 않으며 또한 명예나 명성에 대해 불법적
인 공격을 받지 않는다.

② 아동은 이러한 간섭이나 공격으로부터 법적 보호를 받을 권리가
있다.

제17조 (정보 접근)

당사국은 대중매체가 수행하는 중요한 기능을 인정하며, 아동이 특
히 자신의 사회적 정신적 도덕적 웰빙과 신체적 정신적 건강의 향상
에 도움이 되는 국내외 다양한 정보와 자료에 접근할 수 있도록 보
장해야 한다.

이 목적을 위해 당사국은,

1. 대중매체가 아동에게 사회 문화적으로 유익하고 제29조의 정신에
   부합하는 정보와 자료를 보급하도록 장려해야 한다.

2. 문화적, 국내적, 국제적으로 다양한 정보와 자료를 제작 교류 보
   급함에 있어 국제협력을 장려해야 한다.

3. 아동 도서의 제작과 보급을 장려해야 한다.

4. 대중매체가 소수집단에 속하거나 선주민 아동이 겪는 언어적 필요성에 특별한 관심을 기울이도록 장려해야 한다.
5. 제13조와 제18조의 규정을 유념하여 아동의 웰빙에 유해한 정보와 자료로부터 아동을 보호하기 위해 적절한 지침을 개발하도록 장려해야 한다.

제18조 (자녀 돌봄에 대한 부모 공동의 책임)

① 당사국은 아동의 양육과 발달에 있어 부모 공동 책임의 원칙이 인정될 수 있도록 최선의 노력을 기울여야 한다. 부모 또는 경우에 따라 법정대리인은 아동의 양육과 발달에 일차적 책임을 지며, 아동 최상의 이익에 기본적 관심을 두어야 한다.

② 본 협약에 규정된 권리의 보장과 증진을 위해, 당사국은 부모 및 법정대리인이 아동에 대한 양육 책임을 잘 이행할 수 있도록 적절한 지원을 제공해야 하며 아동 돌봄을 위한 기관, 시설 및 서비스 개발을 보장해야 한다.

③ 당사국은 부모가 모두 일하는 상황에서 아동이 아동돌봄시설 및 지원 서비스를 이용할 권리 보장을 위해 모든 적절한 조치를 취해야 한다.

제19조 (모든 형태의 폭력 및 학대로부터의 보호)

① 당사국은 부모나 법정대리인, 기타 보호자가 아동을 양육하는 동

안 모든 형태의 신체적 정신적 폭력, 상해나 학대, 방임 또는 방치, 성적 학대를 포함한 가혹한 처우나 착취로부터 아동을 보호하기 위하여, 모든 적절한 입법적 행정적 사회적 및 교육적 조치를 취해야 한다.

② 이러한 보호조치는 아동 및 아동 양육자에게 필요한 지원을 제공하기 위한 사회계획의 수립과 본 조 제1항에 규정된 아동학대 사례에 대한 다른 형태의 예방은 물론, 학대사례를 확인 보고 조회 조사 처리 추적하고 적절한 경우 사법적 개입이 가능한 효과적인 절차가 포함되어야 한다.

제20조 (가정환경을 박탈당한 아동의 보호)

① 일시적 또는 영구적으로 가정환경을 박탈당했거나 가정환경에 남아 있는 것이 아동 최상의 이익에 반하는 경우, 아동은 국가로부터 특별한 보호와 지원을 받을 권리가 있다.

② 당사국은 국내법에 따라 이러한 아동을 위한 대안양육을 보장해야 한다.

③ 이러한 보호는 위탁양육, 이슬람법의 카팔라(Kafalah) , 입양, 필요한 경우 적합한 아동보호시설에서의 양육을 포함한다. 대안 양육을 모색할 때는 아동양육이 계속될 수 있는가 하는 점과 아동의 인종적 종교적 문화적 및 언어적 배경을 충분히 고려해야 한다.

제21조 (입양)

입양제도를 인정하거나 허용하는 당사국은 아동 최상의 이익이 최우선적으로 고려되도록 보장해야 하며 또한,

1. 아동의 입양은 적용 가능한 법과 절차에 따라, 적절하고 신빙성 있는 모든 정보에 기초해 오직 권한 있는 관계 당국에 의해서만 결정되어야 한다. 관계 당국은 부모나 친척, 법정대리인과 관련된 아동의 법적 신분 및 필요한 경우, 상담 등에 기초한 관계자들의 입양에 대한 동의가 있었는지 여부를 고려하여 입양을 허가하여야 한다.

2. 국외입양은 아동이 위탁가정이나 입양가정을 찾지 못했거나 또는 어떤 적절한 방법으로도 아동의 출신국에서 양육될 수 없는 경우, 아동양육의 대안적 수단으로 고려될 수 있음을 인정해야 한다.

3. 국외로 입양된 아동도 국내입양 사례에 적용되는 안전보호 기준을 동등하게 향유할 것을 보장해야 한다.

4. 국외입양의 경우, 입양알선이 관계자들에게 부당한 금전적 이익을 주는 결과가 되지 않도록 모든 적절한 조치를 취해야 한다.

5. 적절한 경우 양자 또는 다자간 약정이나 협정을 체결해 본 조항의 목적을 촉진시키며 이러한 체계 안에서 아동에 대한 해외에서의 입양알선이 관계 당국이나 기관에 의해 이루어지도록 노력해야 한다.

제22조 (난민 아동)

① 당사국은 아동이 난민 지위를 요청하거나 적용 가능한 국제법이나 국내법 및 절차에 따라 난민으로 여겨지는 아동이 부모나 다른 보호자의 동반 여부와 관계없이 본 협약 및 해당 국가의 국제인권 및 인도주의 관련 문서에 규정된 권리를 향유함에 있어 적절한 보호와 인도적 지원을 받을 수 있도록 적절한 조치를 취해야 한다.

② 이 목적을 위해, 당사국은 유엔 및 유엔과 협력하는 권한 있는 정부간 기구 또는 비정부기구들이 이러한 아동을 보호·지원하고 가족재결합에 필요한 정보를 얻기 위해 난민아동의 부모나 다른 가족구성원 추적에 기울이는 노력에 적절히 협조하여야 한다. 부모나 다른 가족구성원을 찾을 수 없는 경우, 그 아동은 영구적 또는 일시적으로 가정환경을 박탈당한 다른 아동과 마찬가지로 본 협약에 규정된 보호를 받아야 한다.

제23조 (장애 아동)

① 당사국은 정신적 또는 신체적 장애가 있는 아동이 그들의 존엄성이 보장되고 자립을 촉진하며 지역사회에서 아동의 적극적 사회참여를 장려하는 여건에서, 충분하고 품위 있는 생활을 향유해야 함을 인정한다.

② 당사국은 특별한 돌봄을 받을 장애 아동의 권리를 인정하며, 활용 가능한 재원의 범위 내에서 해당 아동과 그들의 양육자에게 아

동의 여건과 부모 및 기타 양육자의 상황에 맞는 적절한 지원이 제공되도록 장려하여야 한다.

③ 장애 아동의 특별한 욕구를 인식하며, 본 조 제2항에 따라 지원을 확대할 경우 부모나 기타 양육자의 재정상황을 고려해 가능한 무상으로 제공되어야 한다. 또한 장애 아동이 가능한 사회적 통합, 문화적 정신적 발달을 포함한 개인의 발달을 성취할 수 있는 방법으로 아동이 교육 훈련, 의료 지원, 재활지원, 취업준비 및 여가 기회에 효과적으로 접근하고 제공받을 수 있도록 보장해야 한다.

④ 당사국은 국제협력의 정신에 입각해 이러한 분야에서의 능력과 기술을 향상시키고 확대하기 위해 장애 아동을 위한 재활, 교육 및 직업에 관한 정보를 보급하고 접근할 수 하는 것을 비롯해 예방의학 및 의학적 심리적 기능적 치료 분야에 관한 적절한 정보교환을 촉진해야 한다. 또한 이 문제를 다룸에 있어 개발도상국의 필요를 특별히 고려해야 한다.

제24조 (아동의 건강을 보장할 국가의 의무)

① 당사국은 아동이 최상의 건강수준을 향유하고, 질병의 치료 및 건강회복을 위한 시설을 이용할 권리를 인정한다. 이와 관련해 보건의료서비스 이용에 관한 아동의 권리가 박탈되지 않도록 노력해야 한다.

② 당사국은 이 권리의 완전한 이행을 추구해야 하며, 특히 다음의

적절한 조치를 취해야 한다.

1. 영유아 및 아동의 사망률 감소를 위한 조치

2. 일차보건의료의 증진에 중점을 두면서 모든 아동에게 필수적인 의료지원과 건강관리를 받을 수 있도록 보장하는 조치

3. 일차보건의료 체계 안에서 환경오염의 위험과 피해를 고려하면서 쉽게 이용할 수 있는 기술 적용과 충분히 영양가 있는 음식 및 깨끗한 식수 제공을 통해 질병과 영양실조를 퇴치하기 위한 조치

4. 산모에게 적절한 산전산후 건강관리를 보장하는 조치

5. 모든 사회구성원, 특히 부모와 아동이 아동 건강과 영양, 모유수유의 장점, 위생 및 환경정화, 사고 예방에 관한 기초지식을 활용할 수 있도록 정보를 제공, 교육, 지원받을 수 있도록 보장하는 조치

6. 예방 중심의 건강관리, 부모교육 및 가족계획 교육과 서비스를 발전시키는 조치

③ 당사국은 아동의 건강에 유해한 전통관습을 폐지하기 위해 모든 효과적이고 적절한 조치를 취해야 한다.

④ 당사국은 본 조에서 인정하는 권리의 완전한 실현을 점진적으로 달성하기 위해 국제협력을 증진하고 장려해야 한다. 이 문제에 있어서 개발도상국의 필요를 특별히 고려해야 한다.

제25조 (시설 및 서비스에 대한 정기적인 심사를 해야할 국가의 의무)

당사국은 돌봄, 보호, 신체적·정신적 치료를 목적으로 관계 당국에 의해 배치결정된 아동이 그들에 대한 처우 및 결정과 관련한 모든 상황을 정기적으로 심사받을 권리가 있음을 인정한다.

제26조 (사회보장제도)

① 당사국은 모든 아동이 사회보험을 포함한 사회보장제도의 혜택을 받을 권리가 있음을 인정하며, 이 권리의 완전한 실현을 위해 자국의 국내법에 따라 필요한 조치를 취해야 한다.

② 이러한 혜택은 아동 및 양육책임자의 재원과 상황을 고려함은 물론 아동이 직접 또는 대신하여 행하는 혜택 신청과 관련된 여러 상황을 고려해 적절한 경우에 부여되어야 한다.

제27조 (발달에 맞는 생활수준)

① 당사국은 모든 아동에게 신체적 지적 정신적 도덕적 사회적 발달에 맞는 생활수준을 누릴 권리가 있음을 인정한다.

② 부모 또는 그 외 아동에 대해 책임이 있는 자는 능력과 재산의 범위 안에서 아동 발달에 필요한 생활여건을 조성할 일차적 책임을 진다.

③ 당사국은 국내 여건과 재원 범위 내에서 부모 또는 그 외 아동에 대해 책임이 있는 자가 이 권리를 실현할 수 있도록 적절한 조치

를 취해야 하며, 필요한 경우에는 특별히 기본적인 의식주에 대해
물질적 지원과 지원 프로그램을 제공해야 한다.

④ 당사국은 국내외에 거주하는 부모 또는 그 외 아동에 대해 재정
적인 책임이 있는 사람의 양육비 이행을 확보하기 위한 모든 적절
한 조치를 취해야 한다. 특히 아동에 대해 재정적 책임이 있는 사
람이 아동과 다른 국가에 거주하는 경우, 국제협약 가입이나 체결
등 적절한 조치를 강구하도록 해야 한다.

제28조 (교육)

① 당사국은 아동의 교육 받을 권리를 인정하며 기회균등에 근거하
여 이 권리를 점진적으로 달성하기 위해 특별히 다음의 조치를 취
해야 한다.

1. 초등교육은 모든 사람에게 의무적이고 무상으로 제공되어야
한다.

2. 일반 및 직업교육을 비롯한 여러 형태의 중등교육 발전을 장려하
고 모든 아동이 중등교육을 받을 수 있도록 하며 무상교육 도입
및 필요시 재정적 지원 제공 등 적절한 조치를 취해야 한다.

3. 모든 사람에게 능력에 따라 고등교육 기회가 개방되도록 모든 적
절한 조치를 취해야 한다.

4. 모든 아동이 교육 및 직업에 관한 정보와 지침을 이용하고 접근할
수 있도록 조치를 취해야 한다.

5. 학교 출석률 및 중퇴율 감소를 장려하기 위한 조치를 취해야 한다.

② 당사국은 학교 규율이 아동의 인간으로서의 존엄성을 존중하고 본 협약을 준수하는 방향으로 운영되는 것을 보장하기 위한 모든 적절한 조치를 취해야 한다.

③ 당사국은 특히 전 세계의 무지와 문맹 퇴치에 기여하며, 과학·기술에 대한 지식 및 현대적인 교육방법에 대한 접근성을 높이기 위해 교육 부문의 국제협력을 증진하고 장려해야 한다. 이 문제에 있어서 특별히 개발도상국의 필요를 고려해야 한다.

제29조 (교육의 목적)

① 당사국은 아동 교육이 다음 각 호의 목표를 지향해야 한다는 것에 동의한다.

1. 아동의 인격, 재능, 그리고 정신적 신체적 능력의 잠재력을 최대한 계발
2. 인권과 기본적 자유, 유엔헌장에 규정된 원칙에 대한 존중 의식 계발
3. 아동의 부모와 아동 자신의 문화적 정체성, 언어 및 가치, 현 거주국과 출신국의 국가적 가치 및 서로 다른 문명의 차이에 대한 존중 의식 계발
4. 아동이 인종적 민족적 종교적 집단 및 선주민 등 모든 사람과의

관계에 있어서 이해, 평화, 관용, 성(性)평등 및 우정의 정신에 입각해 자유사회에서 책임 있는 삶을 영위하도록 하는 준비

5. 자연환경에 대한 존중 의식 계발

② 교육기관의 교육은 국가가 설정한 최소기준을 따라야 한다는 요청 하에, 본 조 또는 제28조의 어떤 조항도 개인 및 단체의 교육기관 설립과 운영의 자유를 침해하는 것으로 해석되어서는 안 된다.

제30조 (선주민 및 소수인종 아동의 고유문화 향유)

인종적 종교적 또는 언어적 소수자나 선주민 아동은 자신이 속한 공동체 구성원들과 함께 고유의 문화를 향유하고, 고유의 종교를 믿고 생활하며, 고유의 언어를 사용할 권리를 보장받아야 한다.

제31조 (휴식·놀이 및 여가)

① 당사국은 아동이 휴식과 여가를 즐기고 연령에 적합한 놀이와 레크리에이션 활동에 참여하며, 문화생활과 예술활동에 자유롭게 참여할 수 있는 권리를 인정한다.

당사국은 문화 예술 활동에 충분히 참여할 수 있는 아동의 권리를 존중하고 증진하며, 문화, 예술, 레크리에이션 및 여가 활동을 위해 적절하고 균등한 기회 제공을 촉진해야 한다.

제32조 (아동 노동)

① 당사국은 경제적인 착취를 비롯해 아동에게 위험하거나 아동의 교육을 방해하거나, 아동의 건강이나 신체적 지적 정신적 도덕적 사회적 발달에 유해한 모든 노동으로부터 보호받을 아동의 권리를 인정한다.

② 당사국은 본 조의 이행을 보장하기 위하여 입법적 행정적 사회적 교육적 조치를 강구해야 한다. 이 목적을 위해, 기타 국제문서의 관련규정을 고려하여 당사국은 특히 다음을 규정해야 한다.

1. 단일 또는 복수의 최저 고용연령 규정
2. 고용시간 및 조건에 관한 적절한 규정
3. 본 조의 효과적인 시행을 보장하기 위한 적절한 처벌 또는 기타 제재 규정

제33조 (약물 남용)

당사국은 관련 국제조약에서 규정하고 있는 마약과 향정신성 물질의 불법적 사용으로부터 아동을 보호하고 이러한 물질의 불법적 생산과 거래에 아동이 이용되는 것을 방지하기 위해 입법적 행정적 사회적 교육적 조치를 비롯한 모든 적절한 조치를 취해야 한다.

제34조 (성 착취로부터의 보호)

당사국은 모든 형태의 성 착취와 성 학대로부터 아동을 보호할 의무

를 진다. 이 목적을 위해 당사국은 특히 다음의 사항을 방지하기 위해 모든 적절한 국내적 양국간 다국간 조치를 모두 취해야 한다.

1. 모든 형태의 불법적인 성적 활동에 관여하도록 아동을 유인하거나 강요하는 행위
2. 성매매나 기타 불법적인 성적 활동에 아동을 착취하는 행위
3. 음란한 공연 및 그 소재로 아동을 착취하는 행위

제35조 (아동 유괴·매매 및 거래로부터 보호할 국가의 의무)

당사국은 어떠한 목적과 형태로든 아동탈취나 매매 또는 거래를 방지하기 위해 모든 적절한 국내적 양국간 다국간 조치를 취해야 한다.

제36조 (모든 형태의 착취로부터의 보호)

당사국은 아동복지의 영역에 해로운 모든 형태의 착취로부터 아동을 보호하여야 한다.

제37조 (범죄에 연루된 아동에 대한 국가의 조치)

당사국은 다음의 사항을 보장해야 한다.

1. 어떤 아동도 고문 및 그 밖의 잔혹한·비인도적인 또는 굴욕적인 대우나 처벌을 받아서는 안 된다. 만 18세 미만의 아동이 범한 범죄에 대해서는 사형 또는 석방의 가능성이 없는 종신형을 선고해

서는 안 된다.

2. 어떤 아동도 불법적 또는 자의적으로 자유를 박탈당해서는 안 된다. 아동의 체포, 구속 또는 구금은 법률에 따라 오직 최후의 수단으로서 최단기간 동안만 행해져야 한다.

3. 자유를 박탈당한 모든 아동은 인도주의와 인간 고유의 존엄성에 대한 존중에 입각해 그들 나이의 욕구를 고려한 방법으로 처우 받아야 한다. 특히 자유를 박탈당한 모든 아동은 성인과 함께 수용되는 것이 아동 최상의 이익에 부합한다고 판단되는 경우를 제외하고는 성인과 분리되어야 하며, 예외적인 경우 외에는 서신과 면회를 통해 가족과 연락할 권리를 가진다.

4. 자유를 박탈당한 모든 아동은 법적 및 기타 적절한 지원을 신속하게 제공받을 받을 권리를 가짐은 물론 법원이나 기타 권한 있고 독립적이며 공정한 당국에서 자신의 자유박탈의 합법성에 이의를 제기하고 이러한 소송에 대해 신속한 판결을 받을 권리를 가진다.

제38조 (무력충돌에서의 아동 보호)

① 당사국은 아동과 관련 있는 무력충돌에 있어 당사국에 적용 가능한 국제인도법의 규칙을 존중하고 이행할 의무를 진다.

② 당사국은 만 15세 미만 아동이 적대행위에 직접 참여하지 않도록 보장하기 위해 실행가능한 모든 조치를 취해야 한다.

③ 당사국은 만 15세 미만 아동의 징집을 삼가야 한다. 만 15세 이상

만 18세 미만 아동을 징집하는 경우 최연장자부터 징집하도록 노력해야 한다.

④ 무력충돌에서 민간인 보호를 위한 국제인도법상의 의무에 따라 당사국은 무력충돌의 영향을 받는 아동을 보호하고 돌보기 위해 실행가능한 모든 조치를 취해야 한다.

제39조 (피해 아동의 신체적·심리적 회복을 지원할 국가의 의무)

당사국은 모든 형태의 방임, 착취, 학대, 고문, 기타 모든 형태의 잔혹하거나 비인도적인 또는 굴욕적인 대우나 처벌, 또는 무력충돌로 인한 아동 피해자의 신체적 심리적 회복 및 사회복귀를 위해 모든 적절한 조치를 취해야 한다. 이러한 아동의 회복과 사회복귀는 아동의 존엄성, 자기 존중 및 건강을 증진할 수 있는 환경에서 이루어져야 한다.

제40조 (소년사법)

① 당사국은 형법 위반의 혐의를 받거나 기소 또는 유죄가 인정된 모든 아동이 타인의 인권과 기본적 자유에 대한 존중심을 강화하고 아동의 연령에 대한 고려와 함께 사회복귀 및 사회에서 맡게 될 발전적인 역할의 바람직성을 고려하는 등 인간존엄성과 가치에 대한 의식을 높일 수 있는 방식으로 처우 받을 권리가 있음을 인정한다.

② 이 목적을 위해 국제규범의 관련 규정을 고려하여 당사국은 특히 다음 사항을 보장해야 한다.

1. 모든 아동은 행위시의 국내법이나 국제법에 위배되지 않는 작위 또는 부작위를 이유로 형법 위반의 혐의를 받거나 기소 또는 유죄로 인정받지 않는다.

2. 형법 위반의 혐의를 받거나 기소된 모든 아동은 최소한 다음의 사항을 보장받는다.

가. 법률에 따라 유죄가 입증될 때까지 무죄로 추정받아야 한다.

나. 피의사실에 대한 변론 준비와 제출에 있어 직접 또는 부모나 법정대리인을 통해 신속하게 법률적 지원을 비롯한 기타 적절한 지원을 받아야 한다.

다. 법적 또는 기타 적절한 지원을 받아 권한 있고 독립적이며 공정한 기관이나 사법기관에 의해 지체없이 판결을 받아야 하며, 아동 최상의 이익에 반하지 않는 한 아동의 연령이나 상황, 부모 또는 법정대리인을 특별히 고려하여야 한다.

라. 증언이나 유죄의 자백을 강요당하지 않으며 자신에게 불리한 증인을 심문하거나 심문받도록 하는 것과 대등한 조건으로 자신을 대변할 증인의 출석과 심문을 확보할 수 있어야 한다.

마. 형법을 위반한 것으로 간주되는 경우 판결 및 그에 따른 모든 조치는 법률에 따라 권한 있고 독립적이며 공정한 상위 기관이나 사법기관에 의해 심사되어야 한다.

바. 아동이 사법절차에서 사용되는 언어를 이해하지 못하거나 말하지 못하는 경우 무료 통역 지원을 받아야 한다.

사. 사법절차의 모든 단계에서 아동의 사생활은 완전히 존중되어야 한다.

③ 당사국은 형법 위반의 혐의를 받거나 기소 또는 유죄가 인정된 아동에게 특별히 적용할 수 있는 법률과 절차, 기관 및 기구의 설립을 추진하며, 특히 다음의 사항을 노력하여야 한다.

1. 형법위반능력이 없다고 간주되는 최저 연령의 설정

2. 적절하고 바람직한 경우, 인권과 법적 보호가 온전히 존중된다는 조건하에 이러한 아동을 사법절차에 의하지 않고 다루는 조치

④ 아동의 웰빙에 적절하고 아동이 처한 상황 및 위법행위에 맞는 처우를 아동에게 보장하기 위해 돌봄, 지도 및 감독명령, 상담, 보호관찰, 위탁양육, 교육 및 직업훈련계획 및 제도적 보호에 대한 기타 대안적 방안 등 다양한 처분이 가능해야 한다.

제41조 (아동권리실현을 위한 규정)

협약은 아동권리실현에 보다 도움이 될 수 있는 다음 각 호의 규정들에 영향을 미치지 않는다.

1. 당사국의 법

2. 당사국에서 효력을 가지는 국제법

제2부(이행과 모니터링)

제42조 (협약을 널리 알릴 국가의 의무)

당사국은 적절하고 적극적인 수단을 통하여 본 협약의 원칙과 규정을 성인과 아동 모두에게 널리 알릴 의무를 가진다.

제43조 (아동권리위원회)

① 본 협약의 의무 이행에 관해 당사국이 달성한 진전 상황을 심사하기 위해 이하에 규정된 기능을 수행하는 아동권리위원회를 설립한다.

② 위원회는 본 협약이 다루고 있는 분야에서 명망 높고 능력을 인정받은 18명의 전문가로 구성된다. 위원회의 위원은 균형 있는 지역적 배분과 주요 법체계를 고려하여 당사국 국민 중에서 선출되며, 개인자격으로 임무를 수행한다.

③ 위원회의 위원은 당사국이 지명한 후보들 중에서 비밀투표로 선출된다. 각 당사국은 자국민 중 1인을 위원 후보로 지명할 수 있다.

④ 위원회 구성을 위한 최초 선거는 본 협약의 발효일로부터 6개월 이내에 실시되며, 이후 2년마다 실시된다. 매 선거일의 최소 4개월 이전에 유엔사무총장은 2개월 내에 후보자를 지명해 제출하라는 서한을 당사국에 발송한다. 사무총장은 지명된 후보들을 알파

벳 순으로 정리하고 어느 당사국이 이를 지명했는지 작성해 협약 당사국들에게 제시한다.

⑤ 선거는 유엔본부에서 사무총장이 소집한 당사국 회의에서 실시된다. 이 회의는 당사국의 3분의 2를 의결정족수로 하며, 회의에 출석해 투표한 당사국 대표들의 최대다수표 및 절대다수표를 얻는 자가 위원으로 선출된다.

⑥ 위원회 위원의 임기는 4년이며 재지명된 경우에는 재선임될 수 있다. 단, 최초 선거에서 선출된 위원 중 5인의 임기는 2년 후 종료된다. 이들 5인 위원의 명단은 최초 선거 직후 동 회의의 의장에 의해 추첨으로 선정된다.

⑦ 위원회 위원이 사망, 사퇴 또는 본인이 특정 이유로 인해 위원회의 임무를 더 이상 수행할 수 없다고 선언하는 경우 해당 위원을 지명한 당사국은 위원회의 승인을 조건으로 자국민 중에서 잔여 임기를 수행할 다른 전문가를 임명한다.

⑧ 위원회는 자체의 절차규정을 제정한다.

⑨ 위원회는 2년 임기의 사무관을 선출한다.

⑩ 위원회 회의는 통상적으로 유엔본부 또는 위원회가 결정하는 그 밖의 적절한 장소에서 매년 개최된다. 회의 기간은 필요한 경우 총회의 승인을 조건으로 본 협약 당사국 회의에서 결정되고 검토된다.

⑪ 유엔사무총장은 본 협약에 의해 설립된 위원회의 기능을 효과적

으로 수행하기 위해 필요한 직원과 편의를 제공한다.

⑫ 본 협약에 의해 설립된 위원회의 위원은 유엔총회의 승인을 받아 총회가 결정하는 기간과 조건에 따라 유엔으로부터 보수를 받는다.

제44조 (국가의 아동권리 이행 보고 의무)

① 당사국은 본 협약이 규정하는 권리 실현을 위해 채택한 조치와 동 권리의 향유와 관련하여 이루어진 이행 보고서를 유엔사무총장을 통하여 다음과 같이 위원회에 제출한다.

1. 당사국에서 협약이 발효된 후 2년 이내

2. 그 후 5년마다

② 본 조에 따라 제출되는 보고서는 본 협약의 의무 이행 단계에 영향을 주는 요소와 어려움이 있을 경우 이를 명시해야 한다. 또한 보고서는 당사국의 협약 이행에 관한 포괄적 이해를 위원회에 제공하기 위해 충분한 정보를 포함해야 한다.

③ 위원회에 첫 통합 보고서를 제출한 당사국은 제1항 나호에 따라 제출할 후속보고서에 이미 포함된 기초 정보를 반복할 필요가 없다.

④ 위원회는 당사국에게 본 협약의 이행과 관련된 추가정보를 요청할 수 있다.

⑤ 위원회는 위원회의 활동에 관한 보고서를 2년마다 유엔경제사회

이사회를 통해 총회에 제출한다.

⑥ 당사국은 자국의 활동에 관한 보고서를 자국 내 시민사회에서 널리 활용될 수 있도록 해야 한다.

제45조 (협약 이행을 위한 국제협력)

본 협약의 효과적인 이행을 촉진하고 협약이 다루는 분야에서 국제협력을 장려하기 위해 다음과 같이 진행할 수 있다.

1. 전문기구, 유니세프(유엔아동기금) 및 기타 유엔기관들은 본 협약 중 그들의 권한에 속하는 규정 이행과 관련된 논의에 대표를 파견할 권리를 가진다. 위원회는 전문기구, 유니세프 및 위원회가 적절하다고 판단하는 기타 권한 있는 기구에게 각 기구의 권한에 속하는 분야에 있어 협약 이행에 관한 전문적인 자문 제공을 요청할 수 있다. 위원회는 전문기구, 유니세프 및 기타 유엔기관들에게 그들의 활동 분야에 한해 협약 이행에 관한 보고서 제출을 요청할 수 있다.

2. 당사국이 보고서에 기술적 자문 지원 요청 또는 그 필요성을 명시한 경우, 위원회는 적절하다고 판단될 때 그 요청이나 명시에 대한 의견 및 제안을 할 수 있다. 그 경우 관련 있는 전문기구, 유니세프 및 기타 권한 있는 기구에도 해당 내용을 전달할 수 있다.

3. 위원회는 유엔사무총장에게 아동권리와 관련된 특정 이슈에 대해 연구해 줄 것을 총회에 권고할 수 있다.

4. 위원회는 본 협약 제44조 및 제45조에 의해 접수한 정보에 기초해 제안 및 일반적 권고를 할 수 있다. 이러한 제안 및 일반적 권고는 당사국의 논평이 있으면 해당 논평과 함께 모든 당사국에 전달되고 총회에 보고된다.

제3부(협약과 관련한 기타 정보: 부칙)

제46조 (서명)

본 협약은 모든 국가가 서명하도록 개방된다.

제47조 (비준)

본 협약은 비준되어야 한다. 비준서는 유엔사무총장에게 기탁된다.

제48조 (가입)

본 협약은 모든 국가가 가입할 수 있도록 개방된다. 가입서는 유엔사무총장에게 기탁된다.

제49조 (발효)

① 본 협약은 20번째 비준서 또는 가입서가 유엔사무총장에게 기탁

되는 날로부터 30일째 되는 날 발효한다.

② 20번째 비준서 또는 가입서의 기탁 이후 본 협약을 비준하거나 가입하는 각 국가에 대해, 본 협약은 해당 국가가 비준서 또는 가입서를 기탁한 후에 30일째 되는 날 발효한다.

제50조 (개정)

① 모든 당사국은 개정안을 제안하고 이를 유엔사무총장에게 제출할 수 있다. 사무총장은 제안된 개정안을 당사국들에게 통보하는 한편 이를 심의하고 표결하기 위한 목적으로 당사국 회의 개최에 대한 찬성 여부를 물어야 한다. 이러한 통보일로부터 4개월 이내에 당사국 중 최소 3분의 1이 회의 개최에 찬성하는 경우 사무총장은 유엔 주관하에 동 회의를 소집해야 한다. 개정안은 동 회의에 출석해 표결한 당사국 과반수의 찬성에 의해 채택되며 승인절차를 위해 유엔총회에 제출된다.

② 본 조 제1항에 따라서 채택된 개정안은 유엔총회에 의해 승인되고, 당사국 3분의 2이상이 찬성할 때 효력이 발생한다.

③ 발효된 개정안은 이를 수락한 당사국에 대해 구속력을 가지며 다른 당사국은 계속해서 본 협약의 규정 및 당사국이 받아들인 그 이전의 모든 개정안에 대해서만 구속된다.

제51조 (유보조항)

① 유엔사무총장은 비준 또는 가입시 각 당사국이 유보조항의 문서를 접수하고 이를 모든 국가에 배포한다.

② 본 협약의 목적 및 목표와 양립할 수 없는 유보는 허용되지 않는다.

③ 유보조항은 유엔사무총장에게 통지문을 제출함으로써 언제든지 철회될 수 있으며, 사무총장은 이를 모든 국가에게 통보해야 한다. 유보조항 철회 통지는 사무총장이 이를 접수한 날부터 유효하다.

제52조 (탈퇴)

당사국은 유엔사무총장에 대한 서면통지를 통해 본 협약을 탈퇴할 수 있다. 협약 탈퇴는 사무총장이 통지문을 접수한 날로부터 1년 후 발효된다.

제53조 (수탁자)

유엔사무총장은 본 협약을 보관하는 수탁자로 지명된다.

제54조 (기탁)

아랍어 중국어 영어 불어 러시아어 스페인어로 동등하게 정본인 본 협약의 원본은 유엔사무총장에게 기탁된다.

이상의 증거로 아래에 서명한 전권위임대표들은 각국 정부로부터 정당하게 권한을 위임받아 본 협약에 서명했다.

국제아동인권센터 소개

국제아동인권센터 소개

　국제아동인권센터(International Child Rights Center: InCRC)는 국제협약인 유엔아동권리협약에 대한 인식 확대와 아동인권정책을 연구, 개발, 교육, 홍보함으로써 국제 아동인권 분야에 있어 대한민국의 적극적 역할과 보호 기능 강화를 도모하고자 2011년 외교부에 등록된 사단법인 비영리 단체입니다.

미션

국제아동인권센터는 가장 작은 자들을 위한 더 나은 세상을 그들과 함께 만들어가기 위해 유엔아동권리협약을 널리 알리고 교육훈련하기 위해 존재합니다.

비전

국제아동인권센터는 아동과 그들의 인권을 보호, 증진하고 효과적으로 보장할 수 있도록 아동을 포함한 정부, 민간조직, 개인 등 모든 이해당사자의 역량과 책무성 강화를 목표로 합니다.

핵심가치

국제아동인권센터는 다음과 같은 핵심가치를 추구합니다.

• 사명 Commitment

우리는 진실함(integrity)과 탁월함(excellence)을 바탕으로 맡은 바 역할에 충실합니다.

• 연대 Solidarity

우리는 동료들을 신뢰(trust)하고, 다양한 이해관계자를 존중 (respect)하며 함께하기 위해 협력합니다.

• 변화 Change

우리는 지속가능(sustainability)한 긍정적 변화를 열정적 (enthusiasm)으로 추구합니다.

운영원칙

우리의 선택은 다음의 원칙에 의해 결정됩니다.
- 아동 최상의 이익   • 비차별적 통합과 참여   • 투명한 협력
- 책무성 강화   • 사람에 대한 투자   • 모든 사람의 존엄성 존중

국제아동인권센터 발자취

2010년 7월

한국을 비롯하여 동아시아 지역에서의 유엔아동권리협약 증진과 지역 아동인권 메커니즘 구축 등을 도모하기 위해 이양희 교수와 김인숙 부회장이 단체 설립을 결의하고, 단체 설립의 실무를 담당하기 위해 정병수를 영입함. 이후 김상원, 전영현, 황소영이 함께 설립 준비를 시작함

2011년 4월

창립총회를 개최하여 유엔아동권리협약에 대한 국내의 인식 저변을 확대하고 전문성 있는 인적 역량을 강화, 유엔의 아동인권정책을 연구, 개발, 교육, 홍보함으로써 국제아동인권분야에 있어 대한민국의 적극적 역할을 제고하고 나아가 유엔의 아동인권보호기능 강화와 국제사회의 아동인권증진에 기여하기 위하여 사단법인 국제아동인권센터(International Child Rights Center; InCRC)를 설립키로 함

2011년 9월

스위스 제네바에서 진행된 유엔아동권리위원회의 제51회기에 참석하여 최초로 유엔조약기구 심의를 웹으로 생중계하였으며, 대한민

국의 제3~4차 심의를 참관하며 국내 이행 증진을 위한 네트워킹 및 로비 활동을 진행함

2012년 8월

서울시 종로구 인사동에 첫 보금자리를 마련하고 개소식을 진행하였고, 10명가량이 참여할 수 있는 교육공간을 마련하여 아동인권 옹호전문가(Child Rights Advocate)과정을 개설함

2013년

국제아동인권센터의 교육훈련 기능을 강화하기 위해 아동인권교육훈련연구소를 부설기관으로 설치하고 김인숙 이사가 소장으로 취임함. 보건복지부 아동인권증진사업을 중앙아동보호전문기관, 초록우산 어린이재단, 한국보건복지인력개발원과 공동으로 맡아 어린이날 기념행사, 대한민국 아동총회, 아동권리포럼, 아동권리주간 행사 등을 진행함

2014년

초록우산 어린이재단 구성원을 위한 아동권리 민감성 교육과정을 개발하여 숙박형태의 교육을 실시하였으며, 서울특별시 어린이·청소년인권교육 사업의 운영을 위탁받아 서울시 소재 시설 종사자 및 부모, 아동을 대상으로 다양한 아동인권교육훈련을 시작함

2015년

유엔아동권리협약 이행을 위한 법적 제도화 방안연구(보건복지부),
아동권리옹호활동 가이드북(초록우산 어린이재단), 아동복지시설
종사자 역량강화를 위한 아동인권교육 교재 개발 및 교육(한국사회
복지협의회, 아산재단) 등 다수의 아동인권 관련 연구를 수행함

2016년

유니세프 아동친화도시 로드맵 및 아동영향진단 체계 구축(유니세
프 한국위원회), 유엔아동권리협약에 기반한 아동인권 관련 판례분
석 등의 연구를 수행하고, 아동의 의견청취권 보장을 위한 전문가
포럼 등을 개최함

2017년

인천 서구, 경기도 화성시 등 지방자치단체의 요청으로 아동권리강
사양성과정을 운영하였으며, 아동을 비롯한 100명 이상의 시민이
참여하는 원탁토론회를 개최하여 아동의 목소리를 통한 지자체의
정책 채택을 지원함

2018년

2015년부터 유니세프 한국위원회, 초록우산 어린이재단과 공동으
로 주최한 아동권리 스스로 지킴이 활동 참여자로 구성된 아동보고

서 집필진이 직접 작성한 아동보고서와 40여 개 단체와 네트워크가 참여한 NGO보고서의 집필을 주도하여 제5~6차 대한민국 유엔아동권리협약 심의를 위한 보고서를 유엔아동권리위원회에 제출함

후원문의

국제아동인권센터가 언제나 한결같이 아동의 인권을 생각하며 정치, 종교, 경제적 이해관계에 흔들림 없이 독립적으로 활동하기 위해 함께해 줄 아동인권 옹호가를 찾습니다.

정기후원자가 되시면

1. 유엔아동권리협약과 아동인권옹호를 위한 전문연구서적을 보내드립니다.
2. 아동인권과 관련된 정보와 교육 및 행사 일정을 안내해 드립니다.
3. 아동인권 옹호전문가(CRA)과정 교육비를 할인해 드립니다.
4. 지정기부금단체로서 연말정산시 소득공제 혜택을 받으실 수 있습니다.

문의전화 02-741-3132
홈페이지 http://incrc.org/support/

아동인권 옹호전문가(CRA) 과정 소개

아동인권 옹호전문가(Child Right Advocate)란?

- 아동인권을 증진하기 위해 일을 하는 모든 분야의 사람을 의미하며, 교육훈련, 프로그램 설계 및 운용, 연구 및 조사, 상담, 지역사회개발, 연대와 협력, 네트워킹 등 다양한 분야가 포함됩니다.
- 아동인권을 보호, 증진, 실현하기 위해 노력하고자 하는 사람이라면 누구든 본 과정에 참여하실 수 있습니다.

CRA(아동인권 옹호전문가) 과정은?

- 국내·외 모든 아동의 권리와 존엄성, 진실성이 존중받는 환경에서 그들의 잠재력을 계발하고 증진할 수 있는 전문가를 양성하기 위한 교육·훈련과정입니다.
- 본 과정은 업무와 일상에 아동인권을 적용할 수 있도록 이론과 사례, 참여와 토론으로 구성되어 있으며, 상호존중 문화형성에 기여하는 경험을 제공합니다.

핵심내용

- 유엔아동권리협약을 비롯한 국제인권규범과 인권메커니즘(유엔 아동권리협약의 원칙과 핵심내용, 권리주체자와 의무이행자, 인 권메커니즘, 권고사항 등)
- 삶에 적용 가능한 기술(아동인권옹호, 아동권리모니터링, 인권교 육훈련, 참여식 방법 및 퍼실리테이션, 아동인권 기반 사업설계, 긍정적 훈육, 아동 친화적 글쓰기, 사례분석 등)
- 아동존엄성과 아동중심 태도(존재에 대한 성찰, 영화·글·사진 등 다양한 매체를 통한 아동을 총체적으로 보는 관점 형성, 아동의 개별성과 다양성·보편성과 특수성에 대한 이해 등)

기대효과

- 아동의 존엄성 인식과 발달적 특성(evolving capacity)에 따른 아 동의 참여와 자기결정권 촉진
- 유엔아동권리협약을 비롯한 국제인권규범이 명시하는 아동인권 존중, 보호, 증진하는 아동인권 옹호가의 역할 이해와 실천
- 의무이행자로서의 역할 이해 및 정체성 확립
- 소그룹 중심의 참여식 방법과 퍼실리테이션 기법의 내재화를 통 한 아동과 의무이행자 간의 상호존중 촉진
- 의무이행자들의 네트워킹과 파트너십 증진
- 아동인권 인식증진과 인권감수성 향상으로 아동존중 문화 확산

▶과정소개◀

	목표	주요내용	교육시간
기본	• 아동의 존재와 존엄성 이해, 아동기의 특성 및 중요성 인식 • 인권과 아동인권의 개념 형성 및 아동인권에 대한 시각 형성 • 아동인권의 중요성과 아동인권 옹호전문가의 역할 인식	• 관점에서 본 나와 아동, 아동기의 중요성 • 인권과 아동인권 • 유엔아동권리협약(역사, 의미, 기본권 등) • 권리주체자와 의무이행자 • 사례분석 등	10 시간
심화	• 유엔아동권리협약의 일반원칙과 진화하는 능력 등 주요 개념 이해 증진을 통한 실천 역량 증진 • 인권감수성 증진과 인권기반접근을 통한 인권문화 실천.	• 진화하는 능력, 일반원칙 등 유엔아동권리협약의 주요 개념 • 자기결정권과 권위적 개입, 권리·존중·책임, 긍정적인 훈육 • 아동중심 접근, 아동인권에 기반한 접근, 아동권리프로그래밍	21 시간
전문	• 아동인권 옹호와 옹호가의 역할에 대한 이해 증진 • 국제인권메커니즘과 아동권리협약 이행 모니터링체계에 대한 이해 증진 • 여러 분야와 체계에서 아동인권 이슈를 인식 및 증진을 위한 역할 인식 • 공공정책을 비롯한 다양한 분야와 아동인권과의 관계성 인식 • 다양한 분야에서 아동인권 옹호 실천	• 아동인권옹호와 아동인권 옹호가 • 옹호의 정의, 요소, 특성 및 아동인권 옹호의 특성과 어려움 • 유엔아동권리위원회와 모니터링 • 대한민국 이행 상황 • 아동인권 옹호 계획 수립	30 시간
교육 훈련	• 아동인권교육의 의미와 필요성, 유엔 인권교육훈련선언 등 국제사회에서 제시하는 인권교육훈련의 특성 등에 대한 이해 증진 • 아동인권교육훈련의 다양한 교수방법과 촉진자의 역할 등에 대한 이해 • 아동인권교육훈련 프로그램을 설계하고 이를 진행하기 위한 역할 인식 및 실천	• 인권교육훈련의 의미와 필요성 • 아동인권교육훈련을 위한 교수방법 • 다양한 매체를 활용한 아동인권교육훈련 활동 • 아동인권교육훈련 활동개발 • 아동인권교육훈련 프로그램 설계 • 퍼실리테이터의 역할과 자질 • 활동 시연 및 경험 공유	30 시간 + 워크숍

- (성인) 기본, 심화, 전문, 교육훈련 총 4개의 과정으로 구성되어 있으며, 약 100시간 동안 교육훈련이 진행됩니다.

- 각 단계는 순차적으로 수료하셔야 하며, 모든 과정 수료 후 CRA 전문가포럼을 통해 아동인권 옹호전문가로서의 역량을 지속적으로 키우실 수 있습니다.

- (아동) 연령 및 대상의 특성을 고려하여 교육과정이 구성되며, 학사일정에 맞춰 개설됩니다.

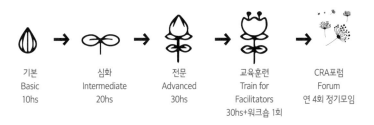

| 기본
Basic
10hs | 심화
Intermediate
20hs | 전문
Advanced
30hs | 교육훈련
Train for
Facilitators
30hs+워크숍 1회 | CRA포럼
Forum
연 4회 정기모임 |

과정문의
· cra@incrc.org / 070-4908-6935
· incrc.org/go_cra/

우리 아이들에게도 인권이 있다고요!

초판 1쇄   2019년 8월 30일

지 은 이 _ 김인숙, 정병수
펴 낸 이 _ 이태형
펴 낸 곳 _ 국민북스
편   집 _ 김태현
디 자 인 _ 서재형

등록번호 _ 제406-2015-000064호
등록일자 _ 2015년 4월 30일

주   소 _ 경기도 파주시 와석순환로 307, 1106-601 우편번호 10892
전   화 _ 031-943-0701
팩   스 _ 031-942-0701
이 메 일 _ kirok21@naver.com
ISBN 979-11-88125-16-6